Als einer der ersten deutschen Dichter befaßte sich Friedrich Rückert mit indischer Mythologie und Geistesgeschichte. Angeregt durch Friedrich Schlegels berühmte Schrift »Über die Sprache und Weisheit der Inder« (1808) wandte er sich dem Sanskrit zu, über das er an der Universität Erlangen ein erstes Kolleg abhielt.

In seiner Einleitung zu Rückerts Übertragungen indischer Liebeslyrik schreibt Helmuth von Glasenapp, einer der namhaftesten deutschen Indologen: »Kein anderer vor noch nach Rückert hat es verstanden, die schwierigen und oft überkünstelten Strophen der indischen Dichtung in so kongenialer Weise in ein deutsches Gewand zu kleiden. Die vollendete Art, wie es ihm gelang, im engsten Anschluß an das Original den Inhalt genau wiederzugeben und doch die Melodie der Rhythmen und den Klang der Worte, ja sogar der Wortspiele und Reime nachzuahmen, grenzt ans Wunderbare.«

In einem ausführlichen Anhang ergänzt der Herausgeber Friedrich Rückerts Kommentare der Gedichte nach dem Erkenntnisstand der zeitgenössischen Indologie zu einem aufschlußreichen kulturhistorischen Überblick mit Biographien der indischen Dichter und detaillierten Erläuterungen, die uns die Beziehungen zwischen der europäischen und der indischen Mythologie bewußtmachen.

insel taschenbuch 431

Rückert

Indische Liebeslyrik

Indische Liebeslyrik

In Übertragungen von
Friedrich Rückert
Herausgegeben und eingeleitet von
Helmuth von Glasenapp
Insel Verlag

insel taschenbuch 431
Die Erstausgabe erschien 1923 in der Reihe
»Dichtungen des Ostens« im Hyperion Verlag, München.

Vertrieb durch den Suhrkamp Taschenbuch Verlag
Umschlag nach Entwürfen von Willy Fleckhaus
Satz: Otto Gutfreund, Darmstadt
Druck: Nomos Verlagsgesellschaft, Baden-Baden
Printed in Germany

INHALT

Anhang

VORWORT

Rückerts dichterische Übertragungen von Perlen der Kunstpoesie des indischen Mittelalters sind in weiten Kreisen nur wenig bekannt, und doch verdienten sie mehr gelesen zu werden. Die einzelnen Stücke, die bisher nur in den, in verschiedenen Zeitschriften verstreuten Originalpublikationen Rückerts und in den schwer erhältlichen Nachdrucken von Jolowicz und Hirschberg zugänglich waren, erscheinen in dem vorliegenden Bändchen zum ersten Male zu einem in sich geschlossenen Ganzen vereinigt. In ihrer Gesamtheit geben sie ein getreues Bild von einer fremdartig wirkenden, aber geistreichen und auch für unser Empfinden anziehenden Literaturgattung, die wegen ihres Inhalts wie wegen ihrer Form des Interesses aller Freunde orientalischer Dichtung gewiß sein darf. Um das Verständnis für die Eigenart dieser Poesie zu erleichtern, sind den einzelnen Stücken Einleitungen und Anmerkungen beigegeben worden, die einen Einblick in das Wesen und Werden der indischen Kunstdichtung eröffnen sollen.

Entsprechend dem Charakter des Buches, das sich nicht ausschließlich an Indologen, sondern an erster Stelle an alle Verehrer der Poesie des Morgenlandes richtet, ist in dem vorliegenden Bande nicht die in wissenschaftlichen Werken übliche Schreibweise indischer Namen und Wörter angewendet worden, sondern eine Schreibweise, die jedem deutschen Leser ohne weiteres verständlich ist. Zugrunde gelegt wurde hierbei die von Rückert selbst befolgte Methode der Wiedergabe indischer Laute: es entspricht also »dsch« dem in wissenschaftlichen Werken üblichen sanskritischen »j«, tsch dem »c«, j dem »y«, w dem »v«, ri dem »r«, s (stets scharf zu sprechen!) dem »s« (»ç«) und »s«, sch dem »ṣ«.

Berlin, am 7. März 1921.

Dr. Helmuth v. Glasenapp

EINLEITUNG

1. Geist und Wesen der indischen Kunstdichtung

Unter einem Kunstgedicht (Kawja) verstehen die Inder ein in einer Literatursprache abgefaßtes Werk, das den Grundsätzen einer festumrissenen, in Lehrbüchern niedergelegten Poetik (Alankarasastra) entspricht. Zu den Kunstgedichten werden im weiteren Sinne alle dichterischen Erzeugnisse gerechnet, die den Gesetzen des Alankarasastra folgen, gleichviel, ob sie in gebundener oder ungebundener Rede abgefaßt sind; in kunstvoller Prosa geschriebene Romane oder Dramen werden durchaus den Epen gleichgestellt. Als Sprache sind für ein Kunstgedicht nicht alle die zahlreichen Mundarten und Idiome verwendbar, welche früher oder jetzt in Indien gesprochen wurden oder werden, sondern nur diejenigen, welche eine literarische Verfeinerung erfahren haben. In dem modernen Hindi z. B., das in ganz Nordindien heutzutage die Verkehrssprache ist, ist es nicht möglich, eine Kunstdichtung zu schaffen; zu diesem Zwecke müßte man sich der Bradsch Bhakha oder eines anderen neuindischen Dialektes bedienen. In der Vergangenheit und mitunter auch noch in unseren Tagen sind »Kawjas« vornehmlich in der »Sprache der Götter«, im Sanskrit, abgefaßt worden, in jener altindischen Gelehrtensprache, die auch noch zu einer Zeit, als sie schon lange nicht mehr die Umgangssprache größerer Volkskreise war (Buddha, gest. 480 v. Chr., gebrauchte sie deshalb nicht in seinen Predigten), vorzugsweise für literarische Zwecke benutzt wurde. Da in der vorliegenden Sammlung nur in metrischer Form vorliegende Werke von Sanskritdichtern enthalten sind, kann ich mich im folgenden darauf beschränken, von den Dichtungen dieser Art zu handeln.

Als Begründer der sanskritischen Kunstdichtung gilt der sagenhafte Weise Walmiki, der nach der Annahme europäischer Forscher vor dem 5. Jh. v. Chr. gelebt zu haben scheint. Die indische Legende weiß sinnig zu berichten, wie Walmiki das Versmaß »Sloka« erfand, in welchem er später dichtete. Einst lustwandelte der Heilige, so heißt es, mit seinem Schüler Bharadwadscha am Gestade des Flusses Tamasa:

»Dort am Tamasa-Flußufer ein sich furchtlos ergehendes
Pärchen itzo von Waldreihern sah er, das schön war anzusehn.
Aber von diesem Paar einen tötete, nahend unbemerkt,
Ein Wildjäger, ein feindsel'ger, vor den Augen des frommen Manns.
Jenen, den rings um Leib blut'gen, am Erdboden sich windenden,
Sah das Weibchen, und wehklagend flattert es in der Luft betrübt,
Von dem Gatten getrennt also, dem zweigebornen[1] lieben Freund,

[1] Ein Vogel heißt im Sanskrit ein »Zweimalgeborener«, weil er im Leib der Mutter und im Ei geboren wurde; ein Brahmane wird so ge-

Dem rothauptigen, lusttrunknen, dem fliegenden Gesellen traut!
Den Zweigebornen dort schauend von dem Jäger gefället so,
Im frommen Sinn des Einsiedlers ward das Mitleid zugleich erzeugt.
So voll Mitleid ›o Ruchloser!‹ dachte der zweigeborne Mann,
Und jenes Weibchens Wehklagen hörend, ließ er ertönen dies:
›*Nimmer zu Ruhm, o Wildjäger, sollst du kommen auf ew'ge Zeit,*
Daß du des Reiherpaars einen, den liebestrunknen, tötetest.‹
Dies gerufen entstand Sinnen im Herzen sein des Denkenden;
›Aus Leid um jenen Waldvogel, was ausgesprochen hab' ich da!‹
Er eine Weile nachdenkend, und überlegend jenes Wort,
Zum Schüler, der ihm nachfolgte, zu Bharadwadscha sprach er dies:
›Gebundner Füße, gleichsilbig, mit Saitenspiel begleitet auch,
Das, was aus *Leid* ich vorbrachte, soll ein *Lied* sein und anders nicht[1].‹«

nannt, weil er außer seiner natürlichen Geburt noch eine zweite, geistige (durch eine Art Jünglingsweihe) erlebt hat.

[1] Walmiki, Ramajana I, 2, 12–21 übers. v. *F. Rückert* in »Jahrbücher der Literatur«, Wien 1831, Bd. 55, S. 166. – Im Sanskrit lautet das Wortspiel »Soka« (Gram) und »Sloka« (Vers).

Als Walmiki so den Sloka erfunden hatte, erschien ihm der Gott Brahma und forderte ihn auf, in diesem Metrum die Taten des göttlichen Helden Rama zu besingen. Der Heilige erfüllte den Wunsch des Gottes und verfaßte das große Epos Ramajana, das bis auf den heutigen Tag von den Indern als ihr »erstes Kunstgedicht«, als das »Adi-Kawja« betrachtet wird. Wohl hat es in Indien schon vor Walmiki Dichter gegeben (das Ramajana selbst scheint Lieder alter Barden zu enthalten, die Walmiki zu einem einheitlichen Werke verschmolz); aber ihre Gedichte galten entweder als ewig und ursprungslos und nur von ihnen auf übernatürliche Weise »erschaut«, wie die Lieder der Seher des Weda, oder es waren Heldenlieder, in welchen noch nicht das eigentümliche Merkmal einer Kunstpoesie in die Erscheinung trat. Das Wesen der Kunstdichtung besteht nämlich nach der Anschauung der Hindus darin, daß nicht allein Stoff und Inhalt, sondern vor allem auch die äußere Form im hohen Maße künstlerisch, ja für unseren Geschmack mitunter geradezu gekünstelt ist. Walmikis Werk gilt als das Vorbild aller Kawjas der späteren Zeit, weil in ihm zum erstenmal die »Schmuckmittel« der Poesie, die Wort- und Sinnfiguren zur Anwendung kommen. Wenn wir im Ramajana auch nur die ersten Anfänge einer solchen Dichtungsart finden, wenn dieses Heldengedicht selbst gleichsam noch auf der Grenzscheide zwischen Volksepos und Kunstgedicht steht, so bezeichnet es doch das erste uns bekannte Glied in der Kette der Entwicklung der sanskritischen Kunstpoesie, deren glänzendste Vertreter eingestandenermaßen in den Bahnen wandelten, die dieses Werk ihnen gewiesen hatte.

Leider ermöglicht es uns unsere gegenwärtige Kenntnis der klassischen Dichtung der Inder noch nicht, ein lükkenloses Bild von der Geschichte der Kunstpoesie zu gewinnen. Erst aus dem Ende des 1. nachchristlichen Jahrhunderts ist uns in dem »Leben Buddhas« (Buddhatscharita) des Aswaghoscha ein Kawja überliefert, an dem wir die Fortschritte verfolgen können, welche die Dichtkunst über das Ramajana hinaus gemacht hat. Wieder vergehen dann Jahrhunderte, aus welchen keine bedeutenden literarischen Werke dieser Art auf uns gekommen sind, bis sich dann zur Zeit der Gupta-Dynastie (4.–6. Jahrh. n. Chr.) das Dunkel lichtet und uns in Kalidasa der größte klassische Dichter Indiens entgegentritt, mit welchem die Kawja-Literatur ihren Höhepunkt erreicht. Kalidasa macht reichen Gebrauch von den Schmuckmitteln der Dichtkunst, er weiß aber mit ihnen weise Maß zu halten und bringt, ein wahrer Dichter, nie das natürliche Gefühl oder den sinnvollen Inhalt einer geistreichen Form zum Opfer. Unter seinen Nachfolgern beginnt dann die Form immer mehr die Herrschaft über den Stoff zu gewinnen. Die Handlung tritt zurück hinter dem Bestreben, in jeder Strophe etwas Außergewöhnliches zu sagen, das des Beifalls verwöhnter Kunstkenner gewiß ist. Die Kawjas werden immer gekünstelter. In steigendem Maße läßt sich dies beobachten nicht nur bei den großen Epikern der folgenden Jahrhunderte, bei Bharawi (6.–7. Jahrh.) und Magha (7. oder 8. Jahrh.), sondern auch bei den Dichtern, die, wie Bhartrihari (um 650) und Amaru, nicht in langen Gedichten, sondern in eleganten Einzelstrophen Proben ihres großen Talents gaben. Ganz überkünstelt ist die Sanskrit-

Poesie der Spätzeit, z. B. der »Nalodaja«. Als ein vorzügliches Erzeugnis der jüngeren Kawja-Literatur ist der »Gitagowinda« des Dschajadewa (12. Jahrh.) anzusehen, obwohl das Werk selbst kein Kawja im eigentlichen Sinne, sondern ein Singspiel ist und somit in der Mitte zwischen Lied und Drama steht. Im Gitagowinda spielt ein Formelement eine hervorragende Rolle, das sonst in der Sanskrit-Literatur nur selten auftritt (ganz vereinzelt schon im Ramajana) – der Reim. Dieser sowie einige andere Umstände machen es wahrscheinlich, daß der Gitagowinda die sanskritische Nachbildung praktischer Vorbilder darstellt, da in dem Schrifttum der mittelindischen Sprachen Reime vielfach in Anwendung gekommen sind. Späteren Nachzüglern der sanskritischen Kunstpoesie begegnen wir auch noch in den folgenden Jahrhunderten; so hat Sjama Kumara Tagore anläßlich des Besuches des deutschen Kronprinzen in Indien ein »Dscharmani-Kawja«, verfaßt, das die Geschichte Deutschlands von Ariovist bis zum Jahre 1910 schildert[1].

Frühzeitig haben indische Gelehrte es unternommen, die Werke der großen Dichter ihres Volkes ästhetisch und kritisch zu würdigen und feste Regeln aufzustellen, die der »Kawi« beobachten muß, soll sein Werk bei den »Leuten von Geschmack« Anklang finden. Über die ältesten Schriftsteller, welche derartige Lehrbücher der Poetik verfaßten, sind wir nur wenig unterrichtet; erst in Bhamaha (5.–6. Jahrh. n. Chr.) lernen wir einen Autor

[1] Vgl. meinen Aufsatz »Deutschland in der indischen Dichtung«, Korrespondenzblatt der Nachrichtenstelle für den Orient, II. Jahrg., Nr. 20, S. 118 (Berlin 1916).

kennen, der es unternahm, diese Wissenschaft in ihrem ganzen Umfange literarisch zu behandeln; ihm folgten dann eine Reihe anderer Männer, welche sie bis ins einzelnste entwickelten und ausbildeten. Eine Kenntnis der Schriften der indischen Poetiker ist für jeden unerläßlich, der in den Geist der indischen Kunstdichtung einzudringen sucht. Denn erst hierdurch erschließt sich dem Abendländer das Wesen der Kunstpoesie, zu dem sich ihm nur schwer ein Zugang bietet, wenn er an die Erzeugnisse indischer Dichtkunst mit den Urteilen und Vorurteilen des okzidentalischen Kritikers herantritt. Die so vollkommen verschieden gerichtete Geistesart der Inder spricht sich deutlich auch in den Schöpfungen ihrer Muse aus; eine gerechte Würdigung derselben ist daher nur dem möglich, der es versteht, sie indisch anzusehen und indisch zu genießen. Der folgende Versuch, die Grundgedanken der indischen Poetiker kurz zusammenfassend darzustellen, möge dem Leser hierbei einige Unterstützung geben.

Nach der indischen Definition ist ein Kunstgedicht eine sprachliche Komposition, welche Gedanken zum Ausdruck bringt, die ästhetisches Wohlgefallen erregen. Es ist entweder ein ganz kurzes Gedicht aus einer oder ein paar Strophen, oder es besteht aus einer großen Reihe von Versen, die in ihrer Gesamtheit ein Epos bilden. Jedes Kunstgedicht hat es zu tun mit einem der vier Lebensziele, die der Inder zu verwirklichen sucht: mit der Liebe, mit dem Erwerb von Reichtum, Macht und Wissen, mit der Pflichterfüllung oder mit der Erlösung von den Qualen des Daseins. Der Stoff eines großen Epos soll entweder auf eine allgemein bekannte Erzählung aus mythologischen Werken zurückgehen oder auf einer wahren Begebenheit beruhen. Der Dichter hat außerdem darauf bedacht zu sein, daß eine Reihe bestimmter Vorgänge zur Darstellung gelangen; so soll jedes Kawja enthalten: Beschreibungen einer Stadt, eines Meeres, eines Berges, der Jahreszeiten, des Mond- und Sonnenaufgangs, Schilderungen von Spielen im Lustgarten oder im Wasser, von Trinkgelagen und Liebesfesten, von Trennungen von Liebenden und von Hochzeiten, Darstellungen der Entwicklung eines Knaben, von Beratungen und diplomatischen Verhandlungen, von Kriegszügen, Schlachten und Siegen.

Nach indischer Auffassung ist jedes Kunstgedicht gleichsam ein lebender Organismus: sein Leib setzt sich zusammen aus den Worten, welche durch den ihnen innewohnenden Sinn oder Doppelsinn, den der Dichter damit verbindet, bestimmt sind; sein Odem sind die stilistischen Vorzüge, die ihm Leben verleihen, sein Schmuck die poetischen Figuren, die es in einzigartiger Schönheit erstrahlen lassen, seine Seele aber ist das »Unausgesprochene«, das als Stimmung oder Gefühl im Geist des Hörers mitklingt.

Der Leib eines Kunstgedichtes ist nur schön, wenn der sprachliche Ausdruck bis in die kleinsten Abtönungen hinein fein ausgearbeitet ist und die vielseitige Bildung des Autors verrät. Die Gedanken, denen der Dichter Worte verleiht, sollen den Stempel eines vielseitigen und originellen Geistes tragen. Alltägliche Gemeinplätze soll der Kawi vermeiden; er soll daher z. B. nicht sagen: »Mädchen, warum liebst du mich nicht, der ich so nach dir verlange«, sondern etwa denselben Sinn in folgender

Weise wiedergeben: »Wenn auch der Schuft von Liebesgott gegen mich, o Langäugige, mitleidlos ist, so ist er gegen dich, o glückliche Fügung! nicht mißgünstig.« Die Metren, deren sich der Dichter bedient, sollen kunstvoll und wohltönend sein und nach Möglichkeit wechseln.

Der Lebenshauch eines Kawja ist der Stil, in dem es geschrieben ist. Die indischen Ästhetiker nehmen eine ganze Anzahl von Stilarten an; die beiden wichtigsten derselben, die einander diametral entgegengesetzt gegenüberstehen sollen, sind der klare, schmiegsame Waidarbha-Stil, der Zartheit, Kraftfülle und Anmut in sich vereinigt, und der Gaudija-Stil, der eine dunkle und deshalb schwerverständliche Ausdrucksweise liebt und mit schwülstigen Umschreibungen und starken Übertreibungen arbeitet.

So wie der Eindruck eines schönen Körpers gesteigert wird, wenn er mit Armspangen und anderem köstlichen Geschmeide geschmückt ist, so wird die ästhetische Wirkung eines Gedichtes erhöht durch die Verwendung von »Zierden« (Alankara). Diese »Schmuckmittel« der Poesie zerfallen in zwei große Gruppen, die Sinnfiguren und die Lautfiguren. Zu den ersteren gehört namentlich der Vergleich mit seinen Abarten, zu den letzteren die Alliteration und der künstliche End- und Binnenreim. Diese »Alankaras« sind von den Theoretikern der Dichtkunst bis ins einzelnste untersucht, definiert und klassifiziert worden[1]; eine wie hohe Bedeutung sie ihrer

[1] Wie weit die Spezialisierung der Redefiguren von den indischen Poetikern getrieben wurde, zeigt das folgende, von *H. Jacobi* (Über Begriff und Wesen der poetischen Figuren in der indischen Poetik, S. 2) ange-

Verwendung zuschrieben, ersieht man daraus, daß ihre ganze Wissenschaft, die Poetik, geradezu als das »Alankara-sastra«, d. h. die Lehre von den Zierden, bezeichnet wird.

Ein Werk, das einen ansprechenden Stoff behandelt, nach Stil und Diktion alle erforderlichen Vorzüge aufweist und auch hinlänglich mit »Zierden« geschmückt ist, vermag aber darum noch nicht den Hörer in seinem Inneren zu ergreifen; es bleibt leblos »wie ein Bild«, wenn es nicht das in sich trägt, was die Inder die Seele der Poesie nennen, ein unausgesprochenes Etwas, das der Dichter durch die Worte nur vermittelt oder andeutet, das aber den kunstverständigen Leser erst ganz in seinen Bann zieht. So wie die beim Kochen verwendeten Gewürze (Rasa) ergeben, den der Feinschmecker beim schmack (Rasa) ergeben, den der Feinschmecker beim

führte Beispiel: »Es sei von einem mächtigen Könige die Rede; sagt man ›Du bist mächtig wie Indra‹ so ist das ein Vergleich (Upama); ›der König N. N. ist Indra‹ eine Metapher (Rupaka); ›Du bist ein zweiter Indra‹ eine Hyperbel (Atisajokti); ›Du bist gleichsam ein zweiter Indra‹ eine Utprekscha; ›Bist du Indra oder der König N. N.‹ ein Sandeha; ›Du bist Indra, nicht der König N. N.‹ eine Apahnuti; ›Indra herrscht nur im Himmel, du über die drei Welten‹ ein Vjatireka; ›Indra herrscht im Himmel, du regierst auf der Erde‹ eine Pratiwastupama usw. Dies sind nur einige der Figuren, denen die Ähnlichkeit zugrunde liegt; sie alle werden scharf voneinander unterschieden und von jeder wird gezeigt, was das ihr Eigentümliche ist, wodurch sie sich von allen übrigen unterscheidet.« In ähnlich gründlicher Weise werden noch eine lange Reihe anderer Sinnfiguren, wie »treue Schilderung« (Swabhawokti), »Doppelsinn« (Slescha) usw. systematisch bestimmt und beschrieben. – In welch künstlichen Lautfiguren manche Dichter sich gefallen, ersieht man aus Rückerts Bemerkungen zum Kiratardschunija (S. 174 ff. der vorliegenden Ausgabe).

Genuß der Speise wahrnimmt, so verleihen auch die verschiedenen Elemente und Faktoren, durch welche ein Dichter ein Gefühl schildert (als da sind die Träger, die Ursachen und die Äußerungsformen desselben), zusammen der Dichtung einen bestimmten »Geschmack« (Rasa), den der Kenner mit ihr aufnimmt. Der Rasa eines Gedichtes ist die *Stimmung,* die es in dem Hörer hervorruft. Diese kann, nach indischer Klassifikation, von neun Arten sein, nämlich: erotisch, komisch, traurig, schrecklich, heroisch, ängstlich, ekelhaft, märchenhaft oder quietistisch. Die Gefühle, die ein Dichter darstellen will, finden gleichsam einen Widerhall in der Seele des Lesers, der sich für Augenblicke gewissermaßen mit dem Helden identifiziert und dadurch allen selbstischen Wünschen und Schmerzen entrückt wird, ohne darum doch an dem, was jener erlebt und empfindet, direkt teilzuhaben. Es ist eine reine, überpersönliche, unirdische Lust, die hier gekostet wird, vergleichbar dem Innewerden der Einheit des Ich mit dem Allgeist, das der Jogi auf dem Höhepunkt seiner religiösen Kontemplation erreicht. Nicht mit Unrecht sehen daher indische Philosophen in dem Rasa, der wenigstens für einen Augenblick das Denken über die Grenzen des eigenen Ich heraushebt, etwas Göttliches und finden diese ihre Auffassung wieder in der heiligen Schrift, im Weda, wo es heißt: »Der Rasa ist dieser (Allgeist). Wer den Rasa erlangt hat, der wird wonnevoll[1].« Die Ähnlichkeit des ästhetischen und des religiösen Genusses wird weiterhin darin erblickt,

[1] »Raso vai saḥ. Rasaṃ hy evâyaṃ labdhvânandî bhavati.« Taittirîya-Upaniṣad II, 7 (s. Rasagangâdhara, Bombay 1894, S. 23).

daß es sich bei beiden nicht darum handelt, daß etwas Neues entsteht, sondern daß man sich eines längst Dagewesenen bewußt wird. Wie beim Jogi die Seligkeit der Einheit mit Gott in Wahrheit zwar stets vorhanden ist, jedoch nur in der Versenkung hervortritt, wenn die äußeren Hindernisse, welche jene Einheit bisher verhüllten, beseitigt sind, so ist auch die unirdische Wonne gewährende Stimmung, als Nachwirkung von eigenen Erlebnissen in früheren Existenzen, stets vorhanden bei dem, der für die Nachempfindung poetischer Meisterwerke disponiert ist, bedarf aber des äußeren Anstoßes, um sich zu offenbaren.

Aus dem Vorhergehenden ergibt sich von selbst das Ziel, das sich die indische Kunstpoesie stellt: mit Hilfe sprachlicher Ausdrucksmittel sucht sie im Hörer ein reines, unpersönliches, uninteressiertes Wohlgefallen zu erwecken, ein Wohlgefallen, das rein objektiv ist und außerhalb aller Beziehung zu dem Selbst des Hörers steht, das aber gleichwohl bei allen Kennern (Rasika) übereinstimmend in derselben Weise auftritt. Es ist die Aufgabe des Dichters, bei feinsinnigen und hochgebildeten Leuten unter Verwendung einer bedeutenden und bis in alle Einzelheiten genau detaillierten Technik in möglichst vollkommener Weise eine derartige ästhetische Wirkung auszulösen. Hierzu aber bedarf es für ihn nicht nur eines gründlichen Studiums der einschlägigen Lehrbücher der Poetik, Grammatik und der Wissenschaften, welche für sein Vorhaben von Bedeutung sind (für die Dichter erotischer Verse also namentlich des »Leitfadens der Liebe« von Watsjajana), nicht nur der Schulung durch Nachahmung von berühmten Vorbildern und einer durch Fleiß gewonnenen Übung, sondern auch einer vielseitigen und ausgebreiteten Bildung und schließlich vor allem einer genialen Inspiration, die Phantasiereichtum mit divinatorischer Kraft verbindet[1]. Diese letztere, wie die Inder sagen, die »Pratibha«, das »Aufleuchten« (neuer Gedanken) ist die erste und wesentlichste Eigenschaft des wahren Dichters. Sie ist nicht erlernbar, sondern angeboren, denn sie beruht auf der Eigenartigkeit und Schönheit der Eindrücke, welche in früheren Existenzen erworben wurden. Daß nur sie es ist, die den wahren Dichter ausmacht, haben oft genug indische Poetiker betont, so sagt Bhamaha:

»Was ist Reichtum ohne feine Sitten,
Und die Nacht, was ist sie ohne Mond,
Und was ist die Kunst der schönen Rede,
Wenn nicht Dichtergabe in ihr wohnt.
Dichtungs*regeln* lernen auch die Toren,
Wenn ein Lehrer klug sie unterweist,
Ein *Gedicht* wird aber nur geboren,
Wenn erleuchtet ist des Dichters Geist.«

Dessenungeachtet ist aber auch bei dem genialen Dichter, wofern er ein Kawja nach den Grundsätzen des Alankara-sastra schaffen will, eine große Gelehrsamkeit und ein unablässiger Fleiß vonnöten, und wie hoch ge-

[1] »Das, was die Sonne und der Mond nicht sehen,
Was weltentrückt der Jogi nicht nimmt wahr,
Was selbst dem Blicke Brahmas kann entgehen,
Dem Dichter einzig ist es offenbar.«
Nilakantha, Sabharandschanasataka, Vers 22.

rade in Indien diese beiden letzten Eigenschaften bei einem Kawi gewertet wurden, das zeigt ein Ausspruch Dandins (6. Jahrh.) in seinem »Dichtungsspiegel« (I, 104 f.), wo geradezu gesagt wird, daß auch dem, dem die »Pratibha« fehlt, die durch Studium und Eifer verehrte Göttin der Rede irgendeine Gunst gewährt, und daß Leute, die sich tüchtig Mühe geben, auch wenn ihre Dichtergabe nicht groß ist, doch im Kreise der Literaturfreunde mit Ehren zu bestehen vermögen.

Die hohe Wertschätzung des Erlernbaren und Handwerksmäßigen nimmt nicht wunder bei einer Kunstrichtung, welche im Kreise einer kleinen Zahl von Intellektuellen gepflegt wurde und auf diese wirken will. Im Gegensatz zu der großen Literatur im Sanskrit und in den Volkssprachen, welche sich an ein größeres Publikum wendet und jedem etwas zu sagen bestrebt ist, ist das klassische Kawja nur für eine Elite von Leuten von Bildung und Geschmack bestimmt. Es erhebt nicht den Anspruch darauf, allgemein verstanden zu werden, sondern scheint, wenigstens in der nachkalidaseischen Zeit, mitunter dem Leser durch den Gebrauch seltener Worte, eigentümlicher Wendungen und schwieriger Satzkonstruktionen geradezu Rätsel aufgeben zu wollen – ein Umstand, der dazu führte, daß eine reiche Kommentatorentätigkeit anhob, um das Verständnis dieser Schwierigkeiten zu erleichtern. So wird die indische Kunstdichtung, die noch bei ihren älteren Vertretern einer natürlichen Anmut nicht entbehrt hatte, immer mehr zu dem mit unendlicher Finesse und überkultivierter Eleganz ausgetüfteltem Erzeugnis ungemein geschickter und sorgfältiger Filigranarbeiter, die mit unübertrefflicher Virtuosität die Sprache handhaben und allen Vorschriften der Lehrbücher der Poetik bis ins einzelnste gerecht zu werden suchen, zu dem Produkt höfischer Poeten, die in dem Bestreben, ihre Vorgänger und Rivalen zu übertrumpfen, sich in immer erhöhtem Maße dem amüsanten Gaukelspiel einer raffinierten Wortequilibristik hingeben.

Eine Reihe von Momenten begünstigte die Entwicklung nach dieser Richtung. Zunächst die allen orientalischen Völkern innewohnende Hinneigung zum Künstlichen, die wir z. B. auch bei den Dichtern der Araber in hohem Maße finden. Bei den Indern wurde diese Tendenz zweifellos noch dadurch sehr unterstützt, daß die Kawis in Sanskrit dichteten, in einer Sprache, die zu ihrer Zeit schon längst nicht mehr allgemein gebräuchlich war, sondern in der Hauptsache nur für religiöse Zwecke und in den Zirkeln der Gelehrten und Literaten Verwendung fand. Aber auch der indische Geschmack und die dichterische Praxis drängten die Entwicklung in diese Bahnen. Die Sanskrit-Poesie trägt von jeher einen strophischen Charakter. Jede Strophe bildet nach Möglichkeit ein in sich abgeschlossenes Ganzes, kunstliebende Leute lernten Strophen, die in sich selbst verständlich waren, mit Vorliebe auswendig und flochten sie in die Unterhaltung ein. Sammlungen von derartigen Einzelstrophen aber fanden bei literarischen Feinschmeckern hohen Anklang. Dieser Geschmacksrichtung tragen in hohem Maße Rechnung die Werke der sog. Zenturienpoesie, Sammlungen von je hundert derartigen Gedichtchen, welche dem Amaru, Bhartrihari und anderen Autoren zugeschrieben werden. In ihnen unternimmt es der

Dichter, z. B. die Liebe in ihren mannigfachen Äußerungsformen und Wirkungsweisen zu schildern, kluge Ratschläge für das tugendhafte Leben zu geben oder schließlich den entsagungsreichen Weg zur Erlösung und zur Vereinigung mit der Gottheit zu weisen. In zierlichen Genrebildern werden hier die Vorgänge im Leben von Natur und Mensch in reizvoller Weise dargestellt; jede Strophe ist ein feinziseliertes Kunstwerk, geschaffen für die Liebhaber einer graziösen Kleinkunst. Die Vorliebe für derartige Sächelchen veranlaßte auch die Dichter von epischen Stoffen, ihren Werken eine Fülle von derartigen »Subhaschitas« (schönen Sprüchen) einzuverleiben, ja jede Strophe in ihren Werken zu einem derartigen in sich abgerundeten Stück zu machen. Dadurch aber löst sich das Kunstepos, das noch bei Kalidasa einer stetig fortschreitenden Handlung nicht entbehrt, in eine Fülle von kunstvollen Einzelversen auf, gleichsam in eine Reihe kostbarer, feingeschliffener Edelsteine, die miteinander nur lose verknüpft sind. Bei diesem Bestreben, in jeder Strophe etwas Geistvolles und Außergewöhnliches zu sagen, mußte natürlich die Handlung, die durch das Ganze hindurchgehen sollte, zurücktreten hinter der Unzahl von blendenden Einzelheiten, die hier geboten wurde. Nur zu oft verlieren dadurch die Kunstepen ganz den epischen Charakter und werden stellenweise fast zu Spruchsammlungen, in denen jede Strophe, ohne Zusammenhang mit dem, was ihr vorherging oder folgte, für sich selbst bestehen konnte.

Sehr begünstigt wurde diese Entwicklung durch die von den Poetikern ausdrücklich vorgeschriebene Übung, nur bekannte Stoffe für ein Kawja zu wählen und eine

Reihe von bestimmten Vorgängen und Zuständen zu schildern (vgl. S. 17/18). Dieses Gesetz, das konsequent befolgt wurde, hatte eine weitgehende Entstofflichung der Kunst zur Folge: da der Dichter bei seinem Hörer oder Leser die genaue Vertrautheit mit dem behandelten Stoffe von vornherein voraussetzen mußte, hatte er sein Augenmerk ganz und gar auf die Form, die geistreiche Darstellung und geschmackvolle Ausschmückung seines Werkes zu richten und mußte dabei leicht auf Äußerlichkeiten verfallen, die uns mit unserem ganz anders gearteten ästhetischen Empfinden als überkünstelt und gesucht erscheinen.

Aus den vorhergegangenen Darlegungen wird der Leser eins ersehen haben: daß die klassische Kunstpoesie der Inder ein spezifisch indisches Erzeugnis ist und nur in der Originalform bei dem mit den poetischen Lehren und der Wissenschaft der Inder durchaus Vertrauten eine ästhetische Wirkung hervorrufen kann, die der entspricht, welche der Dichter beabsichtigte. Keine Übersetzung in eine andere Sprache vermag diesen Erzeugnissen einer mit namenloser Delikatesse ausgeklügelten Technik gerecht zu werden, nicht nur, weil der sprachliche Charakter des Sanskrit in keiner anderen Sprache vollständig nachgeahmt werden kann, nicht nur, weil die vielen Feinheiten, die für den Inder in der Wahl der Worte und in der Musik ihrer Rhythmen schlummern, sich der Wiedergabe in einer fremden Zunge entziehen, sondern vor allem, weil der *Geist* dieser Poesie ein anderer ist als der unserige, weil die Voraussetzungen, mit denen der indische Kenner, der »Rasika« an diese Werke herangeht, durchaus andere sind als die, mit denen wir an literarische Kunstwerke heranzutreten pflegen. Ist es darum ungemein schwierig, von indischen Kunstgedichten eine wahrhaft identische Übersetzung (im Sinne Goethes) in einer abendländischen Sprache herzustellen, so entzieht sich das Kawja doch bis zu einem gewissen Grade nicht völlig der Nachbildung. Dann nämlich, wenn eine Meisterschaft in der Behandlung der deutschen Sprache Hand in Hand geht mit einem auf tiefe philologische Kenntnis gegründeten Sichhineindenken in den Geist des Originals. Die deutsche Literatur hat das seltene Glück, einen Mann den ihren zu nennen, in dem sich beide Erfordernisse in harmonischer Einheit zusammenfinden, einen gottbegnadeten Dichter, dem es gelungen ist, Meisterwerke der indischen Kawja-Literatur der deutschen Sprache zu gewinnen – Friedrich Rückert[1].

[1] Von der umfangreichen Literatur über die indische Poetik und Ästhetik seien hier nur einige Werke genannt, die geeignet sind, den Laien in dieses Gebiet einzuführen und die bei der Abfassung des vorliegenden Aufsatzes zu Rate gezogen worden sind: *Hermann Jacobi,* »Die Poetik und Ästhetik der Inder« (Internationale Wochenschrift für Wissenschaft, Kunst und Technik, 4. Jahrg., Nr. 44, Berlin 1910, Sp. 1379 ff.); »Über Begriff und Wesen der poetischen Figuren in der indischen Poetik« (Nachrichten der K. Gesellschaft der Wissenschaften zu Göttingen Philologisch-historische Klasse, 1908); »Anandavardhanas Dhvanyâloka« (Die Prinzipien der Poetik), deutsche Übersetzung mit wertvoller Einleitung (Separatdruck aus der Zeitschrift der Deutschen Morgenländischen Gesellschaft, Bd. LVI und LVII, Leipzig 1903); »Ruyyakas Alankârasarvasva«, deutsche Übersetzung (Sonderabdruck aus Bd. LXII der Z. D. M. G., Leipzig 1909). – *O. Böhtlingk,* »Dandins Poetik, Sanskrit und deutsch« (Leipzig 1890). – *Hermann Oldenberg,* »Die Literatur des alten Indien« (Stuttgart und Berlin 1903), S. 192 ff. – *J. Nobel,* »Die indische Kunstdichtung« (»Der Neue Orient« Band 6, S. 114, Berlin 1919).

2. *Friedrich Rückert als Indologe*

Friedrich Rückert (geb. am 16. Mai 1788 in Schweinfurt) hatte bereits in seiner Jugend der Geisteswelt des Morgenlandes sein Interesse zugewandt. Als er sich 1811 in Jena habilitierte und dort neben Vorlesungen über Schriftsteller des klassischen Altertums auch solche über allgemeine und *orientalische* Mythologie ankündigte, zeigte er damit schon seine Hinneigung zu Forschungen, die er später als seine Lebensaufgabe betrachtete. Seine eigentlichen orientalischen Studien begann er erst 1818, nachdem er längst seine Privatdozentur wieder aufgegeben hatte; von Joseph v. Hammer-Purgstall wurde er in die Literatur des islamischen Morgenlandes eingeführt und widmete seitdem seine oft bewährte Dicht- und Reimkunst der deutschen Nachbildung kunstvoller arabischer Dichtungen. Dem Indischen wandte er sich erst einige Jahre später zu, wesentlich angeregt durch Friedrich Schlegels berühmte Schrift »Über die Sprache und Weisheit der Indier« (Heidelberg 1808), vor allem gefördert durch die Werke Franz Bopps, den er als seinen eigentlichen Sanskrit-Lehrer bezeichnete. Sein Eindringen in die Sanskritsprache fällt in die Zeit, da er, seit 1826, von König Ludwig I. von Bayern zum außerordentlichen Professor der orientalischen Sprachen an der Universität Erlangen berufen worden war. Unter wie wenig günstigen materiellen Verhältnissen sich hier seine wissenschaftliche Arbeit vollzog, hat er in Briefen an Franz Bopp selbst geschildert; so klagt er darüber, daß es ihm bei seiner geringen Besoldung nicht möglich sei, sich Bücher zu kaufen, selbst das Sanskrit-Wörterbuch von

Wilson habe er nur, weil er es sich selbst abgeschrieben. Ungeachtet aller Schwierigkeiten machte er aber schnell Fortschritte; zusammen mit seinem Kollegen, dem Mathematiker Prof. Pfaff, las er »Nala und Damajanti« in Bopps Ausgabe; da beide nur über ein gemeinsames Exemplar des Textes verfügten, mußte dieses Buch zwischen ihnen hin- und herwandern. Als Frucht dieser Arbeit erschien 1828 Rückerts poetische Übertragung dieser berühmten Episode des Mahabharata, die einen Markstein in der Geschichte deutscher Übersetzungskunst bildet. In Erlangen las Rückert dann später an der Universität ein Kolleg über das Sanskrit, an welchem auch Professoren als Hörer teilnahmen. Im allgemeinen war seine akademische Tätigkeit jedoch keine glückliche. Nicht erfolgreicher war seine Wirksamkeit in Berlin, wohin er 1841 von Friedrich Wilhelm IV. als Professor des Arabischen berufen worden war. Seine Versuche, hier einen größeren Hörerkreis in die Kultur des Ostens einzuführen, scheiterten an seinen geringen oratorischen Fähigkeiten. Der geringe Zuspruch, den seine Vorlesungen fanden, veranlaßte ihn, 1849 sein Lehramt niederzulegen und sich nach seinem Landsitz Neuseß bei Koburg zurückzuziehen. Hier widmete er sich ganz seinen wissenschaftlichen Studien und seinen Dichtungen, bis der Tod am 31. Januar 1866 seinem arbeitsreichen Leben ein Ziel setzte.

In merkwürdigem Gegensatz zu der geringen Redegabe, die er besaß, stand die Macht des Wortes, die ihm eigen war, wenn er seine Gedanken schriftlich niederlegte. *Theodor Benfey* hat hingewiesen auf sein »wunderbar großes und eigentümliches Sprachtalent, welches ihn befähigte, alle Töne des dichterischen Triebes der gebildeteren Völker, insbesondere der orientalischen, in einem Umfang und in einer Meisterschaft widerklingen zu lassen, wie sie bis auf ihn noch nie hervorgetreten war«. »Rückert hatte einen Sprachsinn« – so schreibt der berühmte Verfasser der »Geschichte der Sprachwissenschaft« – »in welchem das rezeptive Moment, wie es dem Sprachgelehrten in einem mehr oder weniger hohen Grade notwendig ist, auf das innigste mit dem schöpferischen verbunden ist, wie es bei dem großen Dichter und Denker hervortritt; ja gerade letzteres war ihm in einem so hohen Maße zuteil geworden, daß man fast berechtigt ist, zu behaupten: wenn die Sprache noch nicht existiert hätte, würde Rückert einen sehr wesentlichen Teil zur Schöpfung derselben beigetragen haben. Seinem Hauptcharakter nach darf man ihn, wie mir scheint, als ein großartiges, aber höchst eigentümliches Sprachgenie bezeichnen. Er hatte ein wunderbares Gefühl dafür, wie die Dinge in Worten auszudrücken sind, und zwar nicht bloß in geistiger, sondern auch in materieller Beziehung. Allein seine Richtung rang weniger nach Vertiefung in die Dinge, als nach einem anschaulichen Ausdruck derselben. Man kann – wenn auch mit einiger Übertreibung – fast sagen, daß die Dinge für ihn nicht selbständig existierten, sondern nur in den Worten, in denen sie zu sprachlichem Leben gelangen, zu Elementen der Sprache werden; sie hatten einen überragenden Wert für ihn in ihrer sprachlichen Seite; in ihrer Selbständigkeit waren sie ihm mehr oder weniger unzugänglich. Darum ist er als Dichter mehr redselig und malerisch, als tief und konzis, mehr im besten Sinne des Wortes nachbildend, als selbständig schaffend. Dadurch aber war er von der Natur in hervorragendster Weise gerade zum wunderbaren Übersetzer und selbst ausgezeichneten Interpreten ausgestattet.«

Die Richtigkeit dieses Urteils Benfeys über Rückerts Übersetzungskunst wird jeder bestätigen, der seine Nachbildungen mit den Originalen vergleicht. Wohl findet sich unter seinen Übertragungen manches, das in philologischer wie in poetischer Hinsicht nicht voll befriedigt und das in späterer Zeit deshalb auch nicht mehr seinen eigenen Beifall fand; im allgemeinen aber wird man sagen müssen, daß kein anderer vor noch nach ihm es verstanden hat, die schwierigen und oft überkünstelten Strophen der indischen Dichter in so kongenialer Weise in ein deutsches Gewand zu kleiden, wie er es getan. Die vollendete Art, in der es ihm z. B. gelang, in seiner Übersetzung des Gita-gowinda im engsten Anschluß an das Original den Inhalt genau wiederzugeben und doch die Melodie der Rhythmen und den Klang der Worte, ja sogar Wortspiele und Reime nachzuahmen, grenzt ans Wunderbare; zu bedauern ist nur, daß er so viele Strophen dieses herrlichen Werkes unübersetzt gelassen hat und dadurch ein Verständnis auch des religiösen Inhalts dieser Dichtung nicht ermöglichte.

Außer den in der vorliegenden Sammlung abgedruckten Übertragungen aus der indischen Kunstpoesie veröffentlichte Rückert noch Übersetzungen ausgewählter längerer Stücke aus dem Mahabharata, dem Ramajana und den Puranas, sowie aus den Dramen Sakuntala und Urvasi. Im Manuskript hinterließ er, wie sein Biograph C. Beyer berichtet, noch eine Reihe anderer

Übersetzungsarbeiten; eine reiche Auswahl von Hymnen aus dem Rig- und Atharwa-Weda, ausgedehnte Stücke aus dem Mahabharata und eine große Sammlung von indischen Gnomen, Sprüchen und Sprichwörtern, die er nach Otto Böhtlingks Sammlung übertrug; aus seinem Briefwechsel mit Bopp erfahren wir, daß er auch die Zenturie des Amaru und das Kiratardschunija des Bharawi vollständig nachgedichtet hatte. Wie es scheint, sind die Niederschriften der meisten dieser Arbeiten nicht mehr vorhanden; sollten sie wider Erwarten doch noch aufgefunden werden, so wäre ihre Veröffentlichung ein großes Verdienst, und der Herausgeber des vorliegenden Bandes würde es mit besonderer Genugtuung begrüßen, wenn diese Ausgabe der bisher in weiteren Kreisen noch so wenig bekannten Übertragungen Rückerts dazu beitragen würde, das Interesse für die indologischen Schriften des großen Dichters zu beleben und zur Nachforschung nach verschollenen Handschriften anzuregen[1].

[1] Über Rückerts Leben und Schaffen vergleiche man: *Karl Goedeke,* »Grundriß zur Geschichte der Deutschen Dichtung«, 2. Aufl. von Edmund Goetze, Dresden 1905, VIII. Band, S. 142ff. – *Ernst Windisch,* »Geschichte der Sanskrit-Philologie und indischen Altertumskunde« (Grundriß der Indo-arischen Philologie und Altertumskunde I, 1 B), Straßburg 1917, I, S. 89ff. – *Theodor Benfey,* »Geschichte der Sprachwissenschaft und orientalischen Philologie in Deutschland mit dem Anfange des 19. Jahrhunderts mit einem Rückblick auf die früheren Zeiten«, München 1869, S. 413ff. – *C. Beyer,* »Friedrich Rückert, ein biographisches Denkmal«, Frankfurt a. M. 1868. – Rückerts Briefe an Franz Bopp sind abgedruckt im Anhang zu *S. Lefmann,* »Franz Bopp, sein Leben und seine Wissenschaft« (Berlin 1891) I, S. 209ff.

H. v. Glasenapp

INDISCHE LIEBESLYRIK

in Übertragungen von Friedrich Rückert

I. AUS DEN KUNSTEPEN

1. ADSCHA UND INDUMATI, EINE IDYLLISCHE ROMANZE

(Aus Kalidasa's »Raghu-wansa«.)

König Adscha von Ajodhja, Raghu's Sohn,
ist glücklich vermählt mit Indumati, der Königstochter von Widarbha.
Die wunderbare Art, wie er sie verliert und betrauert,
schildert die Romanze.

32.
Eines Tags, gedenkend seines Volkes,
Ging lustwandeln der beglückte Vater
Mit der Gattin in den offnen Gärten,
Wie in seinem Paradies Gott *Indra*.

33.
Doch, um dem am Südmeer in Gokarna
Eingekehrten Siwa auf der Laute
Vorzuspielen, eilte durch die Lüfte
Narada im Sonnenpfad von Norden.

34.
Den um's Haupt des Saitenspiels geschlungnen
Kranz, geflochtnen aus unird'schen Blumen,
Raubte, sagt man, ihm der ungestüme
Wind, der gleichsam sich durchduften wollte.

36.
Alles, was die Jahrszeit an Gewächsen
Bot, mit Seimgeruchfüll' überbietend,
Nahm der Himmelskranz den schönen Platz ein
Auf der Königsliebsten Busenschwellung.

37.
Einen Augenblick den holden Brüsten
Sah sie ihn gesellt nur, und ohnmächtig
Schloß des Edlen Gattin ihre Augen,
Wie bei Mondverfinstrung die Nymphäe.

38.
Mit dem sinnverlassnen Leibe nieder-
Fallend, zog sie mit zum Fall den Gatten.
Nicht so? mit des Tropfen Öls Verschüttung
Kommt zu Boden auch die Lampenflamme.

39.
Vom Gefolg der beiden mit verworrnen
Weherufen aufgescheuchte Vögel,
Nistende in Lotosbüschen, schrieen
Dort nun, wie vom gleichen Schmerz betroffen.

40.
Fächlung und dergleichen hob des Fürsten
Sinnumnachtung, aber sie blieb liegen;
Denn nur da kann Rettungsanstalt frommen,
Wo vom Leben übrig ist ein Funken.

41.
Einer Laute, welche man von neuem
Will beziehn, glich die entseelte Schöne,
Die der ganz von Zärtlichkeit durchdrung'ne
Hielt umfassend im gewohnten Schoße.

43.
Und er klagte laut in Tränen schluchzend,
Angestammte Festigkeit vergessend;
Selbst geglühtes Eisen muß ja schmelzen,
Was soll man von Menschenseelen sagen!

44.
»Ach, wenn Blumen selber durch Berührung
Eines Leibs das Leben rauben können:
Was wird nicht zum Todeswerkzeug werden
In der Hand des feindlichen Geschickes!

45.
»Oder ja, zu fällen sanftes Wesen,
Brauchte Sanftes nur der Lebensender;
Dessen Beispiel sah ich eine Lilie
Jüngst an Reifbeträufelung verscheiden.

46.
»Oder ja, um meines Unglücks willen
Ward von Gott gebildet dieser Blitzstrahl,
Daß von ihm nicht ward der Baum zerschmettert,
Nur die Ranke, die an ihn sich schmiegte.

47.
»Die du, selber wo ich dich gekränket,
Lange Zeit auf mich nicht zürnen mochtest:
Wie auf einmal mich nun, den Unschuld'gen,
Achtest du nicht würdig anzureden?

48.
»Lächelklare! wohl für einen Unhold,
Einen falschen Freund mußt du mich halten,
Daß du auf Niewiederkehr zur andern
Welt von hier gingst, sonder Abschiednahme!

49.
»Hatt' es doch, Geliebte, dich begleitet,
Was ist's ohne dich zurückgekommen?
Tragen mag es nun, mein übles Leben,
All' die Qualen, die es selbst verschuldet!

50.
»Hier auf deiner Wange steht des Schweißes
Perle noch, erzeugt von Liebeslustkampf,
Und du selber bist in dir zergangen;
O Hinfälligkeit der Leibbegabten!

52.
»Deine blumdurchflochtenen, gekrausten,
Bienenschwarme gleichen Locken regend,
Täuscht, o Zartgegliederte, der Windhauch
Mein Gemüt mit deiner Umkehr Hoffnung.

53.
»Liebste! möchtest du durch dein Erwachen
Also meinen Kummer schnell zerstreuen,
Wie durch ihren Glanz bei Nacht die Pflanze
Im Geklüft Himalajas das Dunkel!

54.
»Aber mich betrübt dein haarumfloßnes
Angesicht mit dem verstummten Munde,
Gleich dem nächtlich eingeschlafnen Lotos,
Wenn in ihm nicht mehr die Biene summet.

56.
»Die sogar ein Bett aus frischen Blumen
Mag verletzen, deine zarten Glieder,
Sage, wie sie es ertragen sollen,
Holder Leib, den Holzstoß zu besteigen!

57.
»O, zum Nichterwachen eingeschlafen,
Deines Leibes Vertrautester, dein Gürtel,
Tonlos, weil dein reger Gang nun ruhet,
Dir aus Kummer scheint er nachgestorben.

58.
»Deinen sanften Laut in Kuckucksweibchen,
Deinen trunken matten Gang in Schwanen,
Deinen schwanken Blick in Rehen, deine
Flatterung in windbewegten Ranken,

59.
»Diese Eigenschaften hinterlegtest
Du, beim Himmelsfluge mich bedenkend;
Aber nicht mein Herz, von deiner Trennung
Kummerschwer, vermögen sie zu stützen.

61.
»Wenn von deiner Anmut nun befruchtet,
Der *Asoka*baum wird Blüten bringen,
Dir bestimmt zum Lockenschmuck, wie soll ich
Dir zur Grabbekränzung sie verwenden?

63.
»Aus Wakulablumen, welche duften
Wie dein Odem, eine Scherzkett' hast du
Halb mit mir geschlungen, nicht vollendet,
Und nun, Himmelssängerkehle, schläfst du!

64.
»Freundinnen, die Lust und Leiden teilen,
Und ein Sohn, dem Mond im Wachsen ähnlich,
Und ich selbst dir einzig hold, und gleichwohl
Fest beharrest du bei deinem Vorsatz.

65.
»Unterging Genuß, dahin Vergnügen,
Der Gesang verstummt, der Lenz ist festlos,
Und des Schmuckes Anlaß ist benommen,
Einsam nun geworden ist mein Lager.

66.
»Weib, geheimer Rat, vertraute Freundin,
Liebe Schülerin in süßer Tonkunst,
Mir geraubt vom mitleidlosen Tode,
Du, o sage, was mir nicht geraubt sei!

67.
»Trunkenaugige, die du einst trankest
Süßen Saft von meinem Munde, wie nun
Sollst du trinken meine tränentrübe
Dir in's Jenseit nachgereichte Spendflut!

68.
»Blieb die Königsmacht auch, da du fehlest,
Nur soweit sei Adscha's Lust gerechnet:
Ungereizt von anderen Begierden,
Ist in dir beschlossen mein Verlangen.«

69.
Kosala's Gebieter, also klagend
Leidgefugte Weisen um die Liebste,
Machte rings die Bäume des Gefildes
Von den Zweigen Harzflußtränen regnend.

70.
Endlich die aus seinem Schoß gerissne
Holde Gattin ward von den Begleitern
Angetan mit Totenschmuck, gegeben
Sandelaloegenährtem Feuer.

71.
»Einem Weibe starb er nach aus Kummer,
Er, ein Fürst!« erwägend solchen Leumund,
Deshalb nur nicht opfert' er der Glut sich
Mit der Kön'gin, nicht aus Lust am Leben.

73.
Und so zog er ohne sie zur Stadt ein,
Gleich dem Monde, den die Nacht verlassen
Seines Kummers Überströmung schauend
In betränter Städterinnen Augen.

74.
Doch sein Lehrer, der in heil'ger Weihe
Hütete die Siedelei, da kund ihm
Durch Eingebung ward der Schmerz des Königs,
Sendet, ihn zu trösten, einen Schüler:

75.
»Weil den Muni fromme Bräuche halten,
Obgleich deines Kummers Anlaß kennend,
Ist er selber nicht zu dir gekommen,
Der Aufrechte, um dich aufzurichten.

76.
»Doch, o Trefflicher, du triffst in meinem
Munde seinen Gruß geschwinden Rates,
Du, des Ruhm die Welt vernahm, vernimm ihn,
Und im Herzen mögest du ihn wahren.

77.
»Denn in dem Gebiet des unerschaffnen
Höchsten Geistes sieht mit ungehemmtem
Auge der Erkenntnis das Gedritt er,
Das Gewesne, Seiende und Künft'ge.

78.
»Einst, so heißt es, über Trinawindus
Schwere Büßung in Besorgnis schwebend,
Sendete zur Störung seiner Andacht
Hari Harini'n, die Götterschöne.

79.
»Er mit Zornglut der gehemmten Buße
Das Gestad des Gleichmuts überwogend,
Fluchte der vor seinem Blick liebreizend
Gaukelnden: Zum Menschenweibe werde!«

80.
»›Heil'ger Mann! ich diene fremdem Willen:
Die getane Ungebühr verzeihe!‹«
Die so Fleh'nde bannt' er doch zur Erde,
Bis sie würde Götterblumen schauen.

81.
»Sie nun ward, geboren im Geschlechte
Kratakaisika's, zu deiner Gattin,
Und sie blieb es, bis ihr fiel vom Himmel,
Unverlangt, was jenen Fluch beendigt.

82.
»G'nug des Grames nun um ihr Entschwinden!
Untergehn muß alles Aufgegangne.
Richte deinen Blick auf diese Erde,
Denn die Erde ist des Fürsten Gattin.

83.
»Der du, Übermut im Glück vermeidend,
Weisheit einst mit festem Sinn entfaltet,
Mögest du, da dein Gemüt ein Leid traf,
Mit Unweichlichkeit auch jetzt sie zeigen!

86.
»Kummerfreien Sinns erfreue deine
Hausgenossin mit den Totengaben;
Denn der Angehör'gen stetes Weinen
Brennt den Hingeschiednen, also lehrt man.

89.
»Edler Selbstbeherrscher, nicht in Herrschaft
Der Betrübnis falle, gleich Gemeinen!
Was ist Unterschied von Berg und Bäumen,
Wenn sie beid' im Winde wollen schwanken?« –

90.
»Gut, so sei es!« Also nahm er an das Wort
Seines Lehrers, und ließ ziehn den Boten;
Doch, nicht findend Raum in kummervoller Brust,
Zog auch es zum Meister gleichsam wieder.

91.
Acht Jahre bracht' er hin mit Not, getreulich
Und freundlich, um des jungen Sohnes willen,
Mit Schau'n von Ebenbildern seiner Liebsten,
Und flüchtiger Vereinungslust in Träumen.

92.
Der Keil des Kummers aber spaltet' unversehns
Sein Herz, wie eines Hauses Wand ein Feigensproß;
Annahm er dieses, Ärzten unheilbare, Weh
Für Heil, aus Sehnsucht, seiner Gattin nachzugehn.

93.
Als wohlerzogen, waffentragend, seinen Sohn
Zur Hut der Völker brauchgemäß er eingesetzt,
Des kranken Leibes üble Wohnung räumete
Der Fürst, sich unterziehend freiem Hungertod.

94.
Wo am heil'gen Wallfahrtort sich Saraju und Ganga
Mischen, ließ er seinen Leib, und trat im Götterchor ein;
Und vereint mit seiner Liebsten, reizender als jemals,
Spielet er in Wonnehäusern, Paradiesesräumen.

2. DER WONNE WEHKLAGE

(Aus Kalidasa's »Kumara-sambhawa«.)

Derselbe Kalidasa, dem wir die unvergleichliche Sakuntala verdanken, gilt als Verfasser des epischen Kunstgedichtes Kumara-sambhawa, d.i. die Erzeugung des Kumara, in sieben Gesängen, deren Inhalt bis zum vierten Gesang, welcher hier übersetzt erscheint, kürzlich dieser ist. Siwas erste Gemahlin, Sati, hat sich selbst den Flammentod gegeben aus Kummer darüber, daß ihr Vater Dakscha ihren Gatten Siwa durch Nichteinladung zu einem Opfer beschimpft hatte. Sie erbittet von Mena, der Gattin des Berges Himalaja, wiedergeboren zu werden, und wird das unter dem Namen Parwati, d.h. Bergmaid. Als sie zur Jungfrau herangewachsen, gibt ihr Vater, der Berg, sie zur Bedienung dem Siwa, der in der Nähe des Berges strenger Bußübung und Beschaulichkeit obliegt. In seine Bußübungen versenkt, bleibt er ungerührt von der Schönheit seiner Dienerin. Aber die Götter senden Kama, den Liebesgott, mit seinen Pfeilen den furchtbaren Büßer zu beschießen. Denn von Siwa und Parwati soll Kumara oder Skanda, der Kriegsgott, geboren werden, um die Götter siegreich anzuführen im Kampfe gegen die Ungötter oder Dämonen, die soeben unter ihrem Fürsten Taraka große Übermacht erlangt haben und die Götter am Genusse der Opfer sehr beeinträchtigen. Kama übernimmt den gefährlichen Auftrag und ersieht den Augenblick, wo Parwati, von einem Waldgange blumenbekränzt zurückkommend, im vollen Glanze der Schönheit vor Siwa tritt. Siwa verspürt eine Regung und sieht sich befremdet nach deren Ursache um, entdeckt den Kama, der soeben auf ihn anlegt, öffnet im Zorn sein Stirnaug, schießt einen Blick desselben auf ihn und verbrennt ihn zu Asche. Davon heißt nun der Liebesgott Ananga, d.h. leiblos. Siwa im Unmut über die gestörte Andacht verschwindet mit seinem Gefolge dienstbarer Götter, und Parwati kehrt für diesmal zu ihren Eltern zurück. Auf der Szene bleibt nun Rati, d.i. Wonne, die Göttin des Liebesgottes, die, von ihm unzertrennlich, ihn auch auf diesem Feldzug begleitet hatte, und als Siwa sein schreckliches Stirnauge öffnete, in eine Ohnmacht gesunken war, die ihr für den Augenblick wohltätig den Verlust ihres Gatten verbarg. Nun aber: Der Wonne Wehklage

1.
Sie, die bewußtlos lag, die Gattin Kamas,
Ward vom Geschick geweckt,
Das ihr die Schmerzempfindung geben wollte
Der neuen Witwenschaft.

2.
Die aus der Ohnmacht aufgegangnen Augen
Ließ sie umher nun spähn
Und wußte nicht, daß ihnen sei auf ewig
Des Liebsten Blick geraubt.

3.
»O Herr des Lebens, lebst du?« also rief sie,
Stand auf und sah vor sich
In Mannsgestalt am Boden von des Gottes
Zornfeuer Asche nur.

4.
Hin sank sie wieder, mit der Erd' Umarmung
Bestaubend ihre Brust,
Und klagt', ihr Haar zerraufend, ihre Schmerzen
Mitteilend dem Gefild:

5.
»Dein Bild, das der Verliebten höchstes Gleichnis
Durch seine Schönheit war,
Ist so zerstört, und ich bin ganz geblieben?
Hart ist ein Frauenherz!

6.

Mich, deren Leben hängt an dir, verlassend
  Mit schnell getrenntem Bund,
Wie mit gesprengtem Damm verläßt Nymphäen
  Ein Teich, wo flohst du hin?

7.

Unliebes tatest du mir nie, und niemals
  Tat ich zuwider dir;
Was ohne Grund entziehst du deinen Anblick
  Der Wonne, die nun klagt?

8.

Gedenkst du das mir, daß zur Leichtsinnstraf' ich
  Mit meinem Gurt dich band?
Daß dir von Blumen, die ich trug im Ohre,
  Ins Aug' ein Stäubchen fiel?

9.

Was lieb du sprachst, du wohnest mir im Herzen,
  Erkenn ich nun als falsch;
War es nicht Schmeichelei, wie wärst du leiblos,
  Und heil die Wonne hier?

10.

Ich will, o Wanderer, in andre Räume
  Einschlagen deinen Weg;
Die Welt hier ist vom Glück getäuscht, denn du bist
  Die Lust der Lebenden.

11.
Wann Finsternis der Nacht liegt auf den Straßen
Der Stadt, und Donner rollt,
Wer außer dir soll zu geliebter Wohnung
Leiten der Liebe Tritt?

12.
Entflammter Augen Funkeldrohen, der Wörtchen
Gebrochne Stammelung
Von schönen Fraun ist, wo du flohst, geworden
Ein leeres Gaukelspiel.

13.
Hört er, daß du ein Märchen wardst, verliert
Den Mut dein Freund, der Lenz;
O Leiblos! auch der Mond, der wachsen sollte,
Wagt zuzunehmen kaum.

14.
Mit bräunlich grünem Schaft geschmückt, besungen
Vom Ruf des Kokila,
Wem soll, o sprich, der Mangoschoß zum Pfeile
Zu dienen wachsen nun?

15.
Die Bienenreihe, die du oft zur Sehne
Des Bogens hast gemacht,
Mit dumpfem Schwirren gleichsam klagt sie jetzt mir
Der Tiefbetrübten nach.

16.
Nimm wieder deinen holden Leib und lehre,
  Indem du dich erhebst,
Die Liebesbotin Nachtigall zu werben
  Den süßen Gruß an mich!

17.
Der zitternden Umarmungen mit Sinken
  Des Hauptes im Genuß
Mit dir, gedenk ich heimlich, o Gedenker,
  Und meine Ruh ist hin.

18.
Noch hält, den du um meine Glieder schlangest,
  O Wonnekundiger,
Mit eigner Hand, der Jahresblumenschmuck, und
  Dein schöner Leib ist hin!

19.
Du von grausamen Göttern abgerufen
  Inmitten des Geschäfts:
Hier meinem linken Fuße sind die Farben
  Noch anzulegen, komm!

20.
Ich will auf Schmetterlingswegen kommend
  Dir wieder ruhn im Schoß,
Eh du von artigen Götterfraun im Himmel,
  O Freund, mir wirst verführt.

21.
›Getrennt von ihrem Gatten, hat die Wonne
Ein Stündchen noch gelebt‹,
Das wird ein Schimpf beständig hier mir bleiben,
Auch wann ich folgte dir.

22.
Wie soll die letzten Ehren ich erweisen
Dem Hingeschiedenen,
Da du mir bist verschwunden mit dem Leben
Und mit dem Leib zugleich?

23.
Nun denk ich, wie im Schoß den Bogen haltend
Du, schnitzend an dem Pfeil,
Sprachst lächelnd mit dem Lenz und aus dem Winkel
Des Augs ihn schieltest an;

24.
Wo ist der Busenfreund, der deinem Bogen
Die Blumen gab, der Mai?
Es hat doch Siwas grimmer Zorn nicht auch ihn
Dem Freunde nachgesandt?«

25.
Von ihren Klagen, wie von giftgesalbten
Geschossen herzenswund,
Trat nun, zu trösten die betrübte Wonne,
Sichtbar der Mai heran.

26.
Ihn schauend weinte sie erst recht, indem sie
Des Busens Fülle schlug;
Wohl tritt in Freundesgegenwart der Schmerz wie
Aus offnem Tor hervor.

27.
So sprach die Schmerzenreiche: »Sieh, was übrig,
O Frühling, ist vom Freund!
Verweht vom Winde wird dies Aschenhäufchen,
Schillernd wie Taubenhals.

28.
O zeige dich, Gedenker, doch! es steht hier
Der sehnsuchtsvolle Lenz
Bleibt Männersinn, den Frauen unbeständig,
Doch wohl den Freunden treu.

29.
Durch sein Geleit war untertan der Götter
Und der Dämonen Reich
Einst deinen lotosbastbesehnten Bogen
Mit weichem Blumenpfeil.

30.
Der Freund, einmal gegangen, kehrt nicht wieder,
Erloschner Lampe gleich;
Ich bin der Docht von ihr: sieh, wie der Kummer
Unleidlich mich umqualmt.

31.
Das Schicksal tat nur halb sein Werk, das leben
Mich ließ bei seinem Tod.
Wenn Elefant den Baum brach, der sie trug, muß
Die Ranke fallen auch.

32.
Darum ohn' Aufschub sei von dir, o Edler,
Das Freundeswerk getan:
Mit Flammenspende förder' mich verlassen
Zu meinem Gatten hin.

33.
Nachtlilie geht mit dem Mond, es schwindet
Der Blitz mit dem Gewölk;
Das Weib geht ihrem Gatten nach, das weiß auch
Die leblose Natur.

34.
Die Brüste will ich färben mit der Asche
Des holden Leibes hier,
Und wie auf jungen Laubes Bett die Glieder
Strecken auf Feuersglut.

35.
Du hast so oft, o Schöner, mit uns beiden
Auf Blumenpfühl geruht;
Nun schichte schnell den Holzstoß mir! fußfällig,
Handfaltend bitt ich dich.

36.
Die Flammen dann, die mich umfassen, rege
Mit Südwindhauchen an!
Du weißt, daß Kama keinen Augenblick ja
Kann ohne Wonne sein!

37.
Ist das getan, dann gieß uns beiden eine
Schale voll Wasser aus,
Die ungeteilt mit mir zugleich dort oben
Genießen soll der Freund;

38.
Und bei dem Totenopfer weih', o Frühling,
Das schwankende Gesproß
Des Mangozweigs dem Freund, weil er vor allen
Die Amrablüte liebt.«

39.
Sie sprach's, bereit zu sterben, als aus Lüften
So eine Stimme scholl,
Die sie belebte, wie der erste Regen
Den Fisch im trocknen Teich:

40.
»Gattin des Blumenwaffnigen! nicht lange
Bleibt unerlangbar dir
Der Gatte, der nun ward zum Schmetterlinge
In Siwas Augenglut.

42.
Wann Siwa freit, von ihrer strengen Tugend
Gerührt, die Parwati,
Gibt sein erfreuter Sinn dem Liebesgotte
Auch seinen Leib zurück.

44.
Darum behalt', o Schöne, zur Vereinung
Des Gatten deinen Leib!
Der sonnenbrandgetrunke Bach kommt wieder
Bei Sommers End' in Fluß.«

45.
Der unsichtbare Ruf macht' etwas wanken
Der Wonne Todsentschluß;
Und darauf fußend, tröstete der Freund sie
Mit angemessnem Wort.

46.
Doch Kamas Gattin, gramgenaget, harrte
Des Ausgangs ihrer Not,
Als wie des Abends harrt am Tageshimmel
Der bleiche Sichelmond.

3. KÖNIG NALA'S FRÜHLINGS-HOFHALT

(Aus dem »Nalodaja«.)

1.
So ward nun einzige Lust zuteil
In seinem Hause Nala dem Erkämpfer
Des einzigen geliebten Weibs,
Dem herrlichen Feindübermutesdämpfer.

2.
Als ein Kraftmeer strahlt der König,
Und sie schimmert wonnefeucht;
Und der Frühling kranichtönig
Zieht nun auf mit Lustgeleucht.

3.
Die wie vor Scham am Grund sich barg,
Die Wasserlilie richtet auf der Morgen
Mit reisährblanker Strahlenhand,
Darum sind nun die Bienen ohne Sorgen.

4.
Das Gefilde vom Krächzen der Kraniche tönt,
Da bekrönt sich mit Grün der Geranienstrauch;
Das Gewässer, von reinen Nymphäen verschönt,
Zu bezaubern, o wen denn vermag es nicht auch?

5.
Aus Winterschnee-Eismassen brach
Hervor die übermächtige Macht der Sonne;
Vor ihr und vor'm Glutschlangenpfeil
Des Kama flieht der Held ins Haus der Wonne.

6.
Von Kamas Nadel, die das Herz
Der Welt durchbohrt, brach auf die Tschampakblüte;
Sie hegte solche Pein, wie hegt
Getrennter Gatten sehnendes Gemüte.

7.
Am dünn und hochbelaubten Zweig
Quoll die Palasablüte blutgerötet,
Dem Fleische gleich des Wandrers, den
Voll Gier der schnöde Dämon Kama tötet.

8.
Brunstschrei heben, von des Lenzes Kraft durchgoren,
Jetzt die mächtigen Elefanten;
Ihre Zähne, Mondessicheln gleich, durchbohren
Jeden jetzt vom Wein verbannten.

9.
Wer einem holden Weibe nun
Schmerzbringend, seine eigne Lust verstöret,
Verzweifelt wenn wie Vorwürf' er
Im Blütenstrauch die Bienen summen höret.

10.
Nun zu Kamas Kampfplatz schmückt sich
Das Gefild, wo Kranich tönt;
Seiner hohen Herrschaft bückt sich
Alles was nach Liebe stöhnt.

11.
»Vom Frühling angeregt, wie kann
Ein Mann, der liebt, nun leben fern vom Weibe?«
Denkt eine Schön' und nippet Wein;
Was tut man nicht, daß man den Gram vertreibe!

12.
Wo den Liebsten nun die Schöne
Spröde weidet, horch, ihr grollt
Kokila, der seine Töne
Liebeszornig gurgelnd rollt.

13.
Der kühle Mond strahlt Glanz und Reif,
Das Lied des Kokila macht Amras reifen.
Trägt nicht der Pfau im Tanz den Schweif?
Und läßt er rings nicht seine Rufe schweifen?

14.
Wer trägt zur Zeit, wo Mangos blühn,
Der Trennung Schmerz? und welches Weib gedenket
Beim lieben Freund des Wörtleins nun,
Das an mit *Ha* hebt und mit *der* sich senket?

15.
In Kamas Dienste schwärmt von Baum
Zu Baum ein Schwarm liebschwärmerischer Immen,
Nippt Süßes und gibt süßen Ton,
Davon des Lenzes Süßen frisch erglimmen.

16.
Zu seinem stolzen Herzgespiel
Sucht nun den Weg ein Liebender, verwirrt
Vom Frühlingshimmel, der umwölkt
Vom regen Bienenschwarmgewimmel schwirrt.

17.
Wer irgend nun gehet vom Hause der Braut,
Und hat nicht ein stilles Verlangen gestillt;
Es wird ihm, von grauser Umnachtung umgraut,
Begegnen ein Gegner, der Tod, der ihm gilt.

18.
Die Törin, die statt zu dem Freunde zu gehn,
Nun schmollend beim Flechten von Kränzen verweilt,
Wird, von ihm geschieden, bestrafet sich sehn,
Mit Reueverstummung vom Himmel ereilt.

19.
»Weit schaust du mit blühenden Augen im Raum,
O Baum auf der Höh', den kein Kummer befiel!
Erblickst du den Liebsten, so sag' ihm, o Baum:
Hier spielet im blühenden Lenz dein Gespiel.«

20.
So zum Baume tretend sprach sie,
Der zurück ihr gab kein Wort;
Nur der Liebe Schlange stach sie,
Nicht den Liebsten fand sie dort.

21.
Welch reizend Weib erträgt den Gott,
Der Blumenpfeile schießt und wohnt in Herzen?
Am Tage, wo den Frühling fühlt
Die Bien' und summet ihre Liebesschmerzen!

22.
Er, dessen Feinde Toren sind,
Fürst Nala, frauenliebeslustgegattet,
Vom Liebesgott gekettet, geht
Zum Garten, von Mandaren überschattet.

23.
Ihm, dem ruhmreich hochgewichtigen,
Lacht die Gattin mild und rein,
Ihm, dem mondgleich-angesichtigen
Im gleichparadiesigen Hain.

24.
»O kehr hieher den hellen Blick!«
So ruft den gartenwallenden Frau'ngestalten
Je Freund und Freund, den spangenreich
Geschmückten, deren Fülle schwoll in Falten.

25.
Dort die gekränkte Stolze will
Nicht gehn in blütenbaumbewachsnen Gründen;
Jedoch für reiche Blumenspend'
Empfängt der Freund Vergebung seiner Sünden.

Eine Vermittlerin spricht:

26.
»Gepriesene Schönheit, o Kind, dir sei kund,
Wie zehrend dein leichterer Zorn auf ihm liegt.
Soll hier sein verbleichender blühender Mund
Verhauchen den Geist, dir zu Füßen geschmiegt?

27.
»O komm, eh des Frühlings fröhliche Frucht
Die Frische verlieret, o komme du jetzt
Zum Garten, und Köstliches kost' auf der Flucht!
Im Lenze zuletzt sich zu letzen, verletzt.«

28.
Der listigen Lockerin lauschte mit Lust,
Die Stirn von gelöstem Gelocke geschwärzt,
Das Mädchen, und suchte mit klopfender Brust
Den Freund, der nun fröhlich im Grünen sie herzt.

29.
»Am Rand des Weihers still und hell,
Mit Blütensaugern und mit ruhenden Kran'chen,
Was soll dein Stolz?« – so zog ein Freund
Die Liebste nach mit Schmeichelwörtchen manchen.

30.
Am Baume stand ein andres Weib
Und wollte pflücken seine roten Blüten;
Die roten Blüten wurden blaß,
Als ihres Lächelns weiße Lichter sprühten.

31.
Zum Bassin tritt eine Schlanke,
Das des Baumes Fuß benetzt;
Selbst wie eine Schlingblütranke
Schlingt sie um den Baum sich jetzt.

32.
Vom Wuchs der Rankgewächs' umrankt,
Ward lange nicht vom Freund erkannt die Schöne,
Bis sie verriet der Freundinnen
Gelächter und der Bienen Lustgetöne.

33.
Zur Heilung ihres kranken Aug's,
Das Blütenstaub getrübt im Aufwärtsblicken,
Stellt eine nah vor'm Freund sich hin,
Mit Antlitzstreifung schlau ihn zu bestricken.

34.
Zwar schuldbewußt, weiß jener sich
Der Unschuld Schein durch Redekunst zu geben;
Und sie, die Gute, zürnet ihm
Nicht länger, den sie liebt als wie ihr Leben.

35.
Ein andrer macht von Schuld sich frei,
Da er in Staunen wandelt das Erbosen
Der Schönen, wie er so gewandt
Den Frühlingswald beschreibt ohn' anzustoßen.

36.
Von der stolzen Glanzgeschmückten,
Die er ewig lieben muß,
Wird zuteil dem Hingebückten
Auf das Haupt der Tritt vom Fuß.

37.
Fraun, die schönstes Haus bewohnen,
Lockt es nun zur Flur hinaus,
Wo hoch in Tamalakronen
Weht Malajalüftesaus.

38.
Die Männer frohlustwandelnd so
Mit jenen durch des Haines Blütenprangen,
Nun mit den Schönen kamen sie
Zum lotosüberblühten Teich gegangen.

39.
»Was gehst du hin zum Teich, o du
Mein Himmelshulden-Nektarmeer-Gestade!«
Rief Nala, der verliebte Fürst,
Und folgt zum Teiche Damajantis Pfade.

40.
Des Edlen Sinn gefangen nahm
Der reine Glanz am ungetrübten Weiher,
Dazu die laute Wasserschar,
Schwan, Möwe, Kranich, Pelikan und Reiher.

41.
»Was ist da für Gefahr am Rand
Der schmalen leicht bewegten Flut zu kosen?
Was zittern scheue Kinder so,
Zu nah'n dem Wasser hier, dem walfischlosen?«

42.
Weggeflogen ist die Biene
Vom Nymphäen-Düftestaub,
Weil sie blühende Frauenmiene
Lüstern macht nach süßerem Raub.

43.
Vom Nalafrauenchorgeleit,
Dem lusterglühten, spielend umgewendet,
Hat mancher stille Lotosbusch
Verstörtes Bienensummen ausgesendet.

44.
Eingetaucht im Flutenglanze,
Überfällt die zarten Frau'n
Vor des Sees vom Lotostanze
Angeregter Well' ein Graun.

45.
Alsdann aus schaumbekrönter Flut,
Wie Göttinnen aus sternbekränztem Himmel,
Aus kranichlautdurchtönter Flut
Ans Ufer stieg das weibliche Gewimmel.

46.
In der Reize Fülle schwankend,
Alle Bienen lockend nach,
Hell wie Abendsonne wankend,
Suchen sie das Wohngemach.

47.
»Gib Lieb', eh' Liebe stirbt mit mir!
Krank macht mich Lieb' am Leben und am Leibe!«
So trat ins liebgeweihte Haus,
Ins himmelgleiche, Nala mit dem Weibe.

48.
Die Sonne war zum Abendrot
Gelangt, dem Lotos war sein Glanz entwichen;
Zur Diebin ward sie offenbar
An ihm, den ihre Strahlenhand beschlichen.

49.
All von wannen, all von wannen
Wonn'ges Sonngefunkel wich,
All von dannen, all von dannen
Dehnte düstres Dunkel sich.

50.
Nun hat den Sonnenuntergang
Gebracht der Abend, Vogelsang verbreitend,
Den Himmel wie ein Baldachin
Bestirnend, und den Herden Ruh bereitend.

51.
Nun erglänzt die Luft vom Strahle
Dessen, der dem Meer entsteigt,
Und sich gleich der Silberschale
Zum Spendopfer Kama's zeigt.

52.
Ihn, der mit dunklen Flecken schmückt
Sein Antlitz – welches Weib, vom Freund getrennet,
Vermag ihn anzusehn, den Mond,
Der Nacht für Nacht verliebte Wandrer brennet?

53.
Nun die Welt mit Glanz bedeckend,
Träufelnd nachtgekühlten Tau,
Weiße Wasserlilien weckend,
Wacht der Mondschein auf der Au.

54.
Wie mit Kunst die Männer werben
Flehentlich um Frauengunst,
Durch Erniedrungen erwerben
Sie Erwidrungen der Brunst.

55.
Die in Liebesflammen ächzten,
Alle nun mit Scherzetausch,
Wie nach Amrit Götter lechzten,
Lechzen sie nach Trank und Rausch.

56.
Spröde weich, die Weichen machte
Spröde das genoßne Naß;
Neuen Liebesglanz entfachte
Den verwirrten Scharen das.

57.
Vom süßen bien'umschwärmten Saft,
Der Kraft hat jeden Liebanstoß zu glätten,
Genetzt nun und geletzt entrafft
Die eil'ge Schar sich zu gewölbten Betten.

58.
Lose Freundeshände lösen
Unter mancher Nagelspur,
Lässiges Frau'ngewand und blößen
Lustvollschwellende Lendenflur.

59.
Den Schönen, deren Schönheitsruhm
Im meerumschäumten Erdenrund erschollen,
Den jungen Frau'n und Jünglingen
Ist volle Lust bei Kama's Fest entquollen.

60.
Als wie im Tanz, mit Wonneausruf,
Schwoll hier die Fülle lustbewegter Glieder;
Auf Freundesbrust klang Frauenspang'
Und floß des Haar's gelöster Perlstrang nieder.

61.
Aber ihr, der falschelosen,
Sich in Wonne wiegenden,
Weihte Nala minn'ges Kosen,
Ihr, der Sri-besiegenden.

62.
Sie, ohne Sorgen, ohne Trug,
Begehrte sittig Nala's Lustbegehren;
Er, ihrem Willen willig, war
Bestrebt ihr hohes Freudenspiel zu mehren.

63.
So lebte, bis die Kali-Macht
Ihn traf mit unheilschweren Truggewalten,
Der König froh in Glückes Kraft
Der reichen Schätze seines Reichs zu walten.

64.
Hoher Herrschaft Hort und Hüter,
Durch der Gattin Wahl beglückt,
Thront er wie der Gott der Güter,
Wie Kuwera, glanzgeschmückt.

4. AUS DEM KIRATARDSCHUNIJA DES BHARAWI

Reis und Wasserlilie

4, 26.
Der breitgerispete, durch Reifheit seiner Frucht
Zur Rötlichkeit gelangte Halm vom Reise
Neigt sich zu der dem Wasserfeld entblühenden
Nymphä' und küßt die dunkle, duft'ge leise.

4, 27.
Gefärbt von Wasserlilien-Staubfäden-Glanz,
Von Lotosblätterschimmer überflogen,
Die Flut, gerötet von des Reises Ährenwuchs,
Scheint ein entflohnes Stück vom Regenbogen.

4, 34.
Von der verachtungsvollen Wasserlilie
Verschmäht, wiewohl vor ihr sein Haupt verneigend,
Gelangt der Reis hier, dorrend mitten in der Flut,
Zur Bleichheit, sich als liebverbrannter zeigend.

Nymphäentanz

5, 32.
Vom sanften Wind bewegt, ist fröhlich
Hier ein Nymphäentanz zu schauen,
In Wassern, die sich leise furchen,
Wie muntrer Frauen Augenbrauen.

Liebesspiel

8, 19.
Der aus dem Auge mit Mundes Wind fürwahr
Ein Blütenstäubchen nicht zu bringen ist imstand,
Die Schöne stößt, von seinem Atem aufgeregt,
Ihn stürmisch mit des hochgeschwellten Busens Rand.

Badeszene

8, 27.
Mit lotosbewegendem Fischegeschnalz,
Mit Wellenschlag am reinen Gestade,
Mit lauter Stimme von Möw' und Schwan
Rief gleichsam der Strom die Frau'n zum Bade.

8, 28.
Vom glutendämpfenden, Lotosduft-
Verhauchenden, wehenden leis' und linde,
Geboten ward gleichsam den Schönen der Arm
Vom wellenkranzumfangenden Winde.

8, 31.
Durch's erste Tauchen der muntern Schar,
Die strebend schwellende Lenden stemmte,
In Unruh kam die geteilte Flut,
Die strandwärts ihre Kraniche schwemmte.

8, 32.
Durch der Grandharven felsige Brust,
Und der Himmelsfrauen strotzende Brüste,
Beschäumter Welle zum Ufer geführt,
Wird bleich das Wasser, als ob sich's entrüste.

8, 33.
Abstreifend Sandelsalbe dem Leib,
Frau'nlocken wirrend, und Kränz' entflitternd,
Zu großer Vertraulichkeit schuldig, ward
Das Wasser gleichsam vor Strafe zitternd.

8, 37.
Den vor der Nebenbuhlerin ihr
Der Freund auf die schwellende Brust gedrücket,
Sie läßt nicht los den zerwässerten Kranz;
Nicht ist's ja der Stoff, was die Liebe beglücket.

8, 39.
Die glänzenden Ohrgehänge der Frau'n,
Vom Wasser genommen, im Wellengeflüster
Umtreibend, sind nun kläglich zu schau'n
Wie ihrer Würden entsetzte Minister.

8, 40.
Mit abgespületen Schminken des Aug's
Und der Lippe, die Frau'n, die doch entzücken,
Betrachtend, haben Gandharven erkannt,
Daß selber den Schmuck nur der Leib kann schmücken.

8, 41.
Nie so verbrannt' er im vollsten Putz;
Gewählt um des Freundes Herz zu gewinnen,
Wie feucht nun verbrennt der schöne Leib
Die Augen der Nebenbuhlerinnen.

8, 43.
Im Wasserwirbel von Frauenhand
Geschlagen, ist Trommelgetön angebrochen,
Wozu im Takte bewegt aufführt
Herzraubende Tänze das Busenpochen.

8, 44.
Nymphäen verlachende, lächelnde
Frau'nangesichter im Wogengebilde
Belohnen schmückend den Strom dafür,
Daß er den Nymphen sich zeigte milde.

8, 45.
Vom schnalzenden Fisch an der Hüfte berührt,
Vor Schreck ausbreitend des Arm's Gezweige,
Ein Schauspiel bieten die Schönen dar
Den Freundinnen selbst, den Freunden geschweige.

8, 46.
Als wie aus Furcht vor dem Fisch in der Flut,
Hat eine Spröde den Freund umschlungen;
An Schönen gefällt ein verstelltes Tun,
Aus unverstellter Neigung entsprungen.

8, 47.
Durch ihre vom Untertauchen verwirrt
Ergossenen Locken verhüllt, erlangen
Frau'nangesichte den Schein von Nymphä'n,
An welchen Trauben von Bienen hangen.

8, 48.
Ausstreckend der Hände junges Gesproß
Im Wasser, eia! dem gar zu tiefen,
Ward Freundesumfahung der Stolzen zuteil,
Ohne daß sie Gespielen als frech beriefen.

8, 49.
Von Freunden mit Händen voll Wasser bespritzt,
Indem sie nun dehnen die Brust mit Stöhnen,
Und ringen die Hand mit Gebärdenspiel,
Erreichten den Zweck die koketten Schönen.

8, 50.
Als der sonst spröde Freund nun galant
Sich erweisend, eine spritzt' ins Gesicht,
Stahl gleichsam mit blinzelnden Augen dies
Der Nebenbuhl'rinnen Wangenlicht.

8, 52.
Entsalbetem Aug' hat der schmachtende Blick,
Entschminketen Lippen das leise Leben,
Der Stirne, des Stirnezeichens beraubt,
Hat Schmuck die matte Falte gegeben.

8, 53.
Die augendrehende, zwickende Schar,
Die mit dem Freund um die Wette tauchet,
Mit zitternden Gliedern und atmender Brust, –
Hat Mattheit, hat Anmut sie angehauchet?

8, 56.
Nach anderem Strand verliebte Vögel scheuchend,
Verstörend friedliches Nymphä'ngeschlechte,
Nun aus dem Bade stiegen sie mit blanken
Halsketten, wie sternflimmerreiche Nächte.

8, 57.
Von Sandelduft gefärbt, bunt überstreuet
Von Flittern und geborstner Perlenkette,
Glich, von den Frau'n genossen und verlassen,
Das Wogenbett nun einem Liebesbette.

Sonnenuntergang

9, 3.
Da begierig mit Strahlenhänden
Sie der Nymphäe Nektar getrunken,
Ist die Sonne berauscht zur Erde,
Rotgewordenen Leibs, gesunken.

9, 14.
Wie seinen Ruf der Nachgetrennte
Hin nach der nahen Gattin lenket,
Hat der Nymphäe blühend Antlitz
Erloschner Freude sich gesenket.

9, 16.
Verlassend nun die nachtgetrübten
Geschlossenen Nymphäenkronen,
Entflieht der Glanz zum Sternenhimmel;
Denn jeder will im Sichern wohnen.

Die Salbung des Liebesgottes

9,32.
Zur Salbung Kama's hat die Schöne
Der Nacht nun den mit Lotossprossen
Bestreuten Silbernapf voll Glanzflut,
Den Mond voll Flecken ausgegossen.

Kama's Grausamkeit

9, 49.
Umarmung unter Nägelzeichen,
Kuß unter dichten Zahneindrücken;
Ja, der sich nennt den zarten, weichen,
Herb ist selbst Kama im Entzücken.

Die rote Fußspur

10, 3.
Mit dem saftigen Lack der Sohlen
Zeichnet die wandelnde Frauenherde
Pfade, daß gleichsam von Indrahirten
Wimmelt die gräsergerötete Erde.

II. AUS DER ZENTURIEN-POESIE

1. AMARU

1.
Mit den schmachtend liebefeuchten Blüten, die sich knospig schließen,
Halb anblickend auf sich tun, sich schamschwank wenden ab mit Nicken,
Mit den Augen, die der herzverwahrten Regung Sinn ergießen,
Sprich, o Mädchen, welchen Sel'gen du damit heut an wirst blicken?

Die Zwischenträgerin spricht:

2.
Bewerbung wandtest du an sie, und lange Zeit war sie von dir begehrt;
Wie bist du's nun, der durchs Geschick die Jugend ihr in Traurigkeit verkehrt?
Nicht auszuhalten ist das Leid, kein tröstend Wort kann ihr zu Herzen dringen.
Soll, Unbedachter! weinend laut die Freundin denn sich ins Gerede bringen?

Der Abschiednehmende spricht:

3.
Kommen doch wieder, die gehn! Nicht mach um mich dir Gedanken,

Liebliche! stets o so bleich hörst du mich Weinenden an.
Scham-mattsternigen Augs, gußrieselnden Auges von dir so
An mit Lächeln geblickt, geh ich mit Lust in den Tod.

4.
Da ich nur einmal im Scherzzorn »geh doch!« sprach mit barschem Ton,
Ging er gleich, das Felsenherz, vom Bette mit Gewalt davon.
Solches hastig treubundbrechend unbarmherz'gen Mannes nun
Denkt die Seele schamlos wieder! Freundin, o was soll ich tun!

5.
Weil, was das liebende Paar in der Nacht spricht, morgens dem Hausherrn
Plaudert der Hauspapagei, wirft ihm zum Lohne das Weib
Erst ihr Rubinschmuck-Ohrengehenk auf die Krümmung des Schnabels,
Stopft dann aber beschämt ihm mit Limonen den Mund.

6.
Sehend die lieblichsten Augen auf einsamem Sitze gesenket,
Schleicht er heran und verhält scherzend der Einzigen sie.

Krümmend den Nacken, der Schelm, hautschauderig,
küßt er die Schönste,
Der lieblächelnde Lust rötet die Wang' und die Stirn.

7.
Zweier auf demselben Lager abwärts redlos schmol-
lender,
Gegenseitig herzergebner, aber ernsttunwollender
Gatten, wie die Blicke leise sich durch Augenwinkel-
streifung
Mischten, schwand ihr Groll in Lachen unter fester
Halsergreifung.

8.
»Du Frohaugige hast herzraubende Reize genug auch
Ohne Korsett« – da der Freund also die Schleifen ergriff;
Jetzt von der lächelnd am Bette Gesessenen freundlich
gegrüßt gehn
Leise die dienenden Frau'n, Listiges flüsternd, hinaus.

Die junge Spröde spricht:

9.
Die Braue furchet sich geschickt,
Allein das Auge schmachtend blickt;
Das Herz hat sich mit Stolz ummauert,
Allein die Haut des Leibes schauert.
Das Wort des Mundes hemmt der Groll,
Doch glüht die Lippe lächelvoll.
Wie ist es möglich sich zu fassen.
Wo sich die Männer sehen lassen.

Der zur Wallfahrt am Ganges gehende Geliebte

10.

»Liebste! bring mit Blickespielen hin die wen'gen Tage nur!« –
»Spielen mag ich nur mit Blicken, wo nicht öde steht die Flur.«
»Kommen werd' ich.« – »Du wirst kommen, Freunden bringend frohen Mut.«
»Und was soll ich dir mitbringen?« – »Eine Handvoll Gangesflut.«

Die Gekränkte spricht:

11.

Laß, Bester, es gesagt dir sein! Genug der Reden! gehe!
Denn nicht gering ist deine Schuld, und mein Geschick ist Wehe.
Wenn deine Lieb', einst also groß, an solchem Ziel sich findet,
Was kümmert mich das nichtige Scheinleben, ob es schwindet!

Dem abreisenden Geliebten

12.

Auf sind gebrochen die Spangen, und nach gehn liebende Tränen,
Länger nicht bleibet der Mut, Geist ist zu wandern gesinnt.
Alle sie ziehn mit dem ziehenden Freund; und mußt du denn reisen,
Lebensgeliebter! verschmäh doch nicht das Freundesgeleit!

Der unverschämte Liebhaber spricht:

13.
Spröde die Lipp' einkneifend, erschreckt vorstreckend die Finger,
»Laß mich, Wicht!« so mit Zorn höher die Brauen gespannt,
Schaudernden Auges die Stolze; wer also sie küßte mit Hast, hat
Amrit, es rührten umsonst törichte Götter das Meer.

Die Verlassene

14.
Nach zerbrochnem Freundschaftsbande, nach zerstobner Hochbewerbungsehre,
Nach hinweggegangnem lieben Mann, als ob ein fremder Mann es wäre;
So betrachtend, so betrachtend, liebe Freundin, jene Tag' im Glücke,
Sagen kann ich nicht, warum das Herz mir nicht zerspringt in hundert Stücke.

Die Erwartende

15.
Des Auges feuchter Lotos tauet,
Der seinem Wunsch entgegenschauet;
Auf Wangen-Purpurblumen hin
Streut Lächeln weißlichen Jasmin.
Schweißtropfen auf den Brüsten strahlen,

Wie Wasserspend' in Opferschalen:
So wird von allen Gliedern beigesteuert,
Damit des Liebsten Ankunft sei gefeiert.

16.
Fußfall fürchtend, birgt sie sittig mit dem Kleid des
Fußes Ort,
Unterdrückt mit Kunst ein Lachen, läßt den losen Blick
nicht frei.
Red' ich an, so spricht zur Magd sie nebenaus ein letztes
Wort.
Ei, der Stolz der sehr Beworbnen, daß er mir gesegnet
sei!

Das Auge der Liebenden

17.
Sehnsuchtsvoll, da von fern er nahete – staunend, be-
troffen,
Als er den Gruß ihr bot – rötlich vor Zorn, da den Arm
Er um sie schlang – als ihr Kleid er umklammerte,
wolkig von Braue –
Als er zu Fuß ihr verstört stürzte, von Tränen gefüllt
Ward es, das Auge der Stolzen, o Wunder, das scharf-
blickreiche,
Weil es am Liebsten entdeckt, eine verborgene Schuld.

Die bei Mondschein trinkenden Schönen

18.
Der Mond ward eingetrunken mit dem Weine,
Wie er im Becher schwebt' im Widerscheine.
Das Dünkeln stolzer Frauen bricht sein Licht;
Sehr! Huld versagt mir selbst die Sprödste nicht.

19.
Diese weitgeaugt-blicklüstige,
Vollgewölbt-schwellbrüstige,
Breitgelendet träge Gängerin,
Meine liebste Herzempfängerin.

20.
Ein mit Lack belegter, frühlingssprossenlinder,
Ein bespangter Fuß, ein schwer wollüstig träger;
Wo ein Tritt von ihm trifft einen Liebesünder,
Der ist dein, o sel'ger Delphinfahnenträger!

21.
Glieder bleich von Sandelstaube, Lippen braun von Betelkaun,
Augen, die von Flutbenetzung trüblich sind und Salbe taun,
Blumenduft im feuchten Haarnetz, blaues Florkleid faltenweit;
Solches gibt am Sommerabend lieben Frauen Lieblichkeit.

22.
Zitternde Wasser im Auge, Beschwörungen, lieblicher Fußfall –
Zärtliche halten damit auf den Geliebten, der reist.
Hell sei – o gehe du nur – und heiter der Morgen zur Ausfahrt!
Was mir die Liebe gebeut, hörest du einst wann du kehrst.

23.
Nicht Hängung an des Kleides Saum, noch in die Tür des Armesranken Stemmung;
Auch nicht zu Füßen fällt sie ihm, noch »bleibe, bleibe!« spricht sie mit Beklemmung.
Wie wolkentrüb das Wetter ist, doch will der Leid'ge reisen ohne Hemmung;
Die Schmächt'ge hemmt des Liebsten Fahrt durch ausgetretne Tränenüberschwemmung.

24.
Ich weiß nicht, – wann der Freund sich zeigt und bringet liebe Worte vor,
Ob alle meine Glieder dann zum Auge werden oder Ohr.

25.
Den Leib in herben Wehn verzehrt der ungeschickte Kama,
Und Tag' und Stunden zählt geschickt der mitleidlose Jama.

Du selber, doch ein Mann, erliegst der Krankheit im Gemüte;
Bedenke, wie soll leben erst ich zarte Frauenblüte!

26.

Mein Leib ist einst gewesen vollkommen, ungekränkt,
Dann warst du Herzgeliebter, dem ich mein Herz geschenkt.
Nun bist du Herr, Gebieter, und was bin ich? das Weib!
Doch halten diese Glieder, und nicht zerspringt der eisenfeste Leib!

27.

»Törin, was willst du verbringen in traurender Strenge die Tage?
Fasse nur Mut! tu ab Treu', und Beständigkeit laß!«
So von der Freundin ermuntert, erwidert die Schüchterne leise:
Wird mich nicht hören der Freund, welcher im Herzen mir wohnt?

28.

»Wo in der wolkigen Nacht, Rehfüßige, trägt dich der Weg hin?«
»Wo der Geliebteste wohnt, welcher mein Leben beherrscht.«
»Sprich, so einsam allein, wie fürchtest du nicht dich, o Mädchen?«
»Ist mein Geleitsmann doch Kama gefiederten Pfeils.«

29.

Ihr, die bewegten Gemüts auf die Straßen hinaus, wo er nahn soll,
Spähet, soweit als der Blick reicht und solang' als der Tag;
Ihr, die den zögernden Fuß heimwendet am Abend, der Gattin
Wird mit gereckterem Hals sichtbar der Nahende jetzt.

30.

Bebt' ich nicht und zitterten die Brüste nicht? Durchlief die Haut
Nicht ein Schauer? perlte Schweiß im Antlitz nicht? Besinnung schmolz,
Da der Unhold, Fassungsräuber, Lebensherrscher nur geschaut
Ward von mir; o was kann halten den erkünstelt schwachen Stolz?

31.

Angeblickt mit trübem Auge von der Frau und angefleht,
Am Gewandsaum dann gehalten, und umfaßt mit Herzgewalt; –
Wie all das der Mitleidlose grausam von sich stößt und geht,
Wird er von ihr aufgegeben, der bisher'ge Lebenshalt.

32.
Seinem Antlitz gegenüber senk' ich scheu den Blick zu Fuß,
Ohren schließ' ich, welche schmachten nach der Lust von seinem Gruß;
Decke mit der Hand den Schweiß, der schauernd aus der Wange dringt; –
Freundinnen! was tu ich, wenn am Mieder jede Naht mir springt?

33.
Teilend das Lager mit ihm, den gebrochener Treue sie zeihet,
Ab sich wendend im Groll, wie er begütigen mag,
So hartnäckig verschmäht den Geliebten sie; bis er nun still wird;
»Schläft er wohl?« also den Hals reckt sie und blicket nach ihm.

34.
Der Wange Lilienblätter vom Schlag der Hand zerknittert;
Des Lippensaftes Nektar, der Seufzer trinkt ihn leer;
Die Träne hängt am Halse, der zarte Busen schüttert:
Der Zorn ist nun dein Liebster, Unhuld'ge! wir nicht mehr.

Die Zeichen der Untreue

35.
Lackspur über der Stirn, und am Hals Handspangenbezeichnung,
Augschminkschwärzen am Mund, Farbe vom Betel am Aug; –
Sehend so zornaufregenden Schmuck frühmorgens am Freunde,
Senkt sie wie Blumen ihr Haupt, hauchet in Seufzen sich aus.

36.
Hin in Verwirrung geschmiegt, fußfälligen flehenden Schweigens,
Ab nun sich wendend, verschmäht, schickt er zu gehn sich, und gibt
Einen betränten, beschämten, verweilenden Blick noch der schönen,
Hochaufatmenden Brust, die ihm das Leben versagt.

37.
Wald und Gebirg und Gefilde mit erdebewässernden Strömen
Hindern des Wanderers Blick, dem, was er liebet, zu nahn.
Ob er es weiß, doch reckt er den Hals, und, gestellt auf die Zehen,
Heimwärts schaut er, bis ihm schwindet in Tränen der Blick.

38.

Wenn du den Groll ins Herz, Flutlilienaugige schlossest,
Sei er dein Liebster nunmehr, was zu bedenken ist noch?
Jene von mir vor diesem gegebnen Umarmungen gib mir
Wieder, o gib nur zurück jeden gegebenen Kuß.

39.

Weil er fremde Lippen biß, traf ihn der Liebsten Lotosfächer,
Schnell, als sei ihm Blütenstaub im Auge, blinzend stand er da.
Sie, gespitzten Knospenmundes, haucht in Unschuld; und ihr frecher
Freund in der Verwirrung küßt sie, die nicht weiß, wie ihr geschah.

40.

Der mit Lack belegte, lieblich Lotosglanz verdunkelnde,
Mit Juwelenschimmerschatzes-Abendrot bespangte,
Welchen warf im höchsten Zorne die mit Augen funkelnde,
Als ein Glückeszeichen auf dem Haupt der Fuß mir prangte.

2. BHARTRIHARI

I. *Die Stufen der Liebe*

1.

Was ist Edlen gut zu sehen? Liebchens klares Angesicht.
Was zu atmen? dessen Mundhauch. Was zu hören? dessen Wort.
Was zu kosten? dessen Lippe. Was zu fühlen? dessen Leib.
Was zu denken? dessen Anmut. Reizend ist es allerwärts.

2.

Sagen denn nicht unsre Dichter etwas sehr Verkehrtes
Von den Frauen, wenn sie stets von schwachen Frauen reden?
Die, von deren schwanker Augensterne Blitz getroffen
Himmelsgötter selbst erliegen, sind die schwach zu nennen?

3.

Ohne daß die Locken flattern und sich weit das Aug' auftut,
Ohne daß die Lippen aufgehn mit der reinen Zähne Glanz,
Ohne daß die Perlenschnur schwankt auf des Busens Doppelhöhn,
Auch in völl'ger Ruhe setzt in Unruh' uns ein schöner Leib.

4.

Scheine Lampe, glänze Feuer, leuchte Sonne, Mond und
Stern;
Fern von euch, Gazellenaugen, ist die Welt mir Finsternis.

5.

Sieht man sie nicht, begehrt man sie zu sehn nur,
Und sieht man sie, wünscht man sie bloß zu küssen,
Und wenn man dann sie küßt, die Großgeaugte,
Verlangt man völlig mit ihr zu verwachsen.

6.

Der an die Brust gesunkenen mit aufgelösten Locken,
Der noch ein wenig blinzenden mit zugeknosptem
Auge,
Der von des Liebeskampfes Schweiß am Wangensaum
betrieften
Geliebten Frauen Lippenseim, ihn trinken Hochbe-
glückte.

7.

Wenn der Freund im Regengusse nicht das Haus verlas-
sen kann,
Und des Frostes wegen fester ihn die Schöne drückt ans
Herz,
Dann der Wind mit kalten Tropfen ihre Lustermattung
kühlt,
Wird das schlechte Wetter gutes für beglückte Liebende.

8.

Ihr wählt euch eure Meister von den frommen Schriftgelehrten,
Doch wir, anmutig redender Poeten Jünger sind wir.
Denn nicht in jenem Leben gibt's ein höhres Glück als Tugend,
Doch keine Lust in dieser Welt als klargeaugte Frauen!

9.

Sich selbst und uns betrügt der Schriftgelehrte,
Der ungebührlich schöne Mädchen schimpft.
Zwar ist das Paradies die Frucht der Buße,
Doch Mädchen sind die Paradiesesfrucht.

10.

Nenne nur das Weib! und weder Gift noch Nektar gibt es sonst;
Abgeneigt ist sie ein Giftbaum, zugeneigt ein Nektarzweig.

11.

Mit dem einen kost sie traulich, nach dem andern blickt sie hold,
Denkt im Stillen an den dritten; wen denn liebt sie eigentlich?

12.

Als uns umgab Unwissenheit verliebter Finsternisse,
War in Gestalt des Weibes uns die ganze Welt erschienen,
Nur unser Aug' erhellt ist von bess'rer Einsicht Salben,
Erkennt der einsgewordne Blick die ganze Welt als Brahma.

II. *Fünf Sprüche eines indischen Weisen*

1.
Was ist Gewinn? mit Guten streben.
Was Schaden? unter Toren leben.
Was ist Verlust? verlorne Zeit.
Der beste Witz was? Redlichkeit.
Der rechte Mut? vorm Bösen scheu.
Das beste Liebchen? Ehweib treu.
Was Reichtum? seine Kunst verstehn.
Was ist Glück? nicht auf Reisen gehn.
Was Königsmacht? die Seinigen sich gehorchen sehn.

2.
Die arm sind an bösen Worten,
Reich an guter Reden Horten.
Nicht verleumden, noch lügen,
Und mit ihren Fraun sich begnügen:
Wo immer sie sind erschienen,
Die Erd' ist geschmückt mit ihnen.

3.
Von eines Helden Fußtritt nur
Wo berührt wird die Erdenflur,
Zittert sie freudig allzumal,
Wie getroffen vom Sonnenstrahl.

4.
Und wenn auf Erden gleich
Bliebe kein Lotosteich,
Doch scharrte nie der Schwan
Im Miste wie der Hahn.

5.
Weise muß man ehren,
Auch wenn sie nicht Weisheit lehren.
Was ihnen nur fällt vom Munde,
Ist immer heilige Kunde.

III. *Der weltentsagende Hindu*

1.
Wegen dieses Lebens, das dem Tropfen auf der Blume gleichet,
Was hab' ich, der Unverständ'ge, nicht schon alles ausgehalten,
Daß ich selbst vor stolzen Reichen, vom Besitze dumpf Berauschten,
Mit erlogner Scham beging die Sünde, mein Verdienst zu rühmen!

2.
Säh' er im zerlumpten Kleide der betrübten Gattin nicht
Eigene betrübte Kinder zerren, hungrig weinende;
Möchte wohl, aus Furcht der Fehlbitt' ein kleinlautes Wörtchen »gib«
Seines eignen Bauches willen stammeln ein Verständiger?

3.
Endlich, wenn sie lang' auch weilten, müssen doch die Güter gehn;
Warum also gibt nicht lieber sie der Mensch von selber auf?

Wo sie eigenwillig weggehn, lassen sie den höchsten
Schmerz;
Wo du sie freiwillig aufgibst, ew'gen Frieden geben sie.

4.

Sind die von Ganga's Flutgeträufel kühlen,
Von Genien bewohnten Felsengrotten
Des Himawan untergegangen etwa,
Daß Menschen ehrlos fremde Bissen suchen?

5.

Fehlt's an Wurzelen in den Klüften, im Gebirg an Was-
serfällen,
Bäumen, saft'ge Früchte bietend, Stengeln, Bast zum
Kleide gebend,
Daß du magst ein Antlitz ansehn, das von Huld dir keine
Spur zeigt,
Und ob kümmerlicher Gabe stolz die Augenbrau'n em-
porzieht!

6.

Was irrst du umsonst umher? ausruhe dich, Herz, ein-
mal!
Von selber wie alles wird, so wird es, und anders nicht.
Denk an das Vergangne nicht, doch bilde dir Künft'ges
ein;
Und Freuden, die unbemerkt sonst kommen und gehn,
genieß!

7.
Wo sie des Haares weiße Farbe sehen,
Das Zeichen, daß dem Mann das Alter obsiegt,
Gehn schnell davon, wie vom Tschandalenbrunnen,
Woran der Knocheneimer hängt, die Frauen.

8.
Weil noch unerkrankt der Leib ist, und das Alter ferne,
Weil doch ungeschwächt die Sinne, kein Verfall des Lebens,
Mühe für des Geistes Bestes eifrig sich der Weise;
Spät ist es den Brunnen graben, wann das Haus in Brand steht.

9.
Reizend sind des Mondes Strahlen, reizend grüner Platz im Wald,
Reizend freundliche Gesellschaft, Dichtersagen reizend auch,
Reizend Liebeszornes Tränen zitternd in des Liebchens Blick,
Reizend alles, denkst du der Vergänglichkeit, bleibt reizend nichts.

10.
Ist's schön nicht, wohnen im Palast und Saitenspiel zu hören,
Die Herzgeliebte zu umfahn, ist's süßer nicht als alles?
Doch, wie, von irren Vogels Flug gestreift, die Lampe flattert,
So flatterhaft scheint Weisen das, die zum Einsiedlerwald gehn.

III. GITAGOWINDA, ODER DIE LIEBE DES KRISCHNA UND DER RADHA

I.

26.
Im Frühlingshauch, mit frühlingsblumenzartem Leib,
Im Walde wallend, Krischna suchend überall,
Von Kamas Kummer schwer bedrängt, verwirrten Sinns,
Ward Radha von der Freundin angeredet so:

27.
Unter malajischem, duftende Nelkengebüsche besuchen-
dem Hauche,
Unter dem bienenumschwärmten, von Kokilas Rufen
ertönenden Strauche,
Hari nun spielet im Lenze, dem frohen,
Tanzet, o Freundin, mit Mädchen, zur Zeit, die nicht süß
ist, wo Liebe geflohen.

28.
Wo sich von Frau'n der Verreisten erheben aus sehnen-
der Liebe die Klagen,
Wakula-Kronen den immenbelagerten Blütengeweben
entragen;
Hari nun spielet im Lenze, dem frohen,
Tanzet, o Freundin, mit Mädchen, zur Zeit, die nicht süß
ist, wo Liebe geflohen.

29.
Wo sich mit Moschusgedüfte berauschet das junge Ge-
sproß der Tamalen,

Kinsuka-Blüten wie Madanas Nägel, die herzenzerrei-
ßenden, strahlen;
Hari nun spielet im Lenze, dem frohen,
Tanzet, o Freundin, mit Mädchen, zur Zeit, die nicht süß
ist, wo Liebe geflohen.

30.
Wo wie die Zepter des Königs Ananga sind blühende
Kesaras golden,
Bienengefüllet wie Köcher Kandarpa's sich zeigen die
Patali-Dolden;
Hari nun spielet im Lenze, dem frohen,
Tanzet, o Freundin, mit Mädchen, zur Zeit, die nicht süß
ist, wo Liebe geflohen.

31.
Wo, die entfesselte Schöpfung erblickend, die sprießen-
den Karunas lachen,
Ketaki-Stengel wie liebeverwundende Spieße die Ge-
gend umwachen;
Hari nun spielet im Lenze, dem frohen,
Tanzet, o Freundin, mit Mädchen, zur Zeit, die nicht süß
ist, wo Liebe geflohen.

32.
Wo, vom Gerank Atimukta's umarmt, der Amra, der
knospende, schaudert,
Durch Wrindawana's Dickicht sich schlingend, die schlän-
gelnde Jamuna zaudert;

Hari nun spielet im Lenze, dem frohen,
Tanzet, o Freundin, mit Mädchen, zur Zeit, die nicht süß
ist, wo Liebe geflohen.

33.
Nun in dem Madhawi-Düfte verhauchenden, Malika-
Balsambetauten,
Selber die Sinne des Büßers berauschenden, zaubrischen
Jugendvertrauten –
Hari nun spielet im Lenze, dem frohen,
Tanzet, o Freundin, mit Mädchen, zur Zeit, die nicht süß
ist, wo Liebe geflohen.

35.
Aus Blumenstaube, der entstirbt gespaltnem Schoße
Der Malli-Blüte, webt ein hainbeflorend Florzelt
Er jetzt, der sengt das Herz wie Pantschawana's Odem,
Ketaki's Duftgespiel, Duftwagenlenker Lenzwind.

37.
Auf den, hundert Frauen zu umfangen
Geizenden, liebreizenden Murari
In der Näh' hinzeigend, hat nun jene
Freundin wieder angeredet Radha'n:

38.
Sandelgesalbeten bräunlichen Leibes im gelblichen
Kleid, der Bekränzte,
Ringe des Ohres im Tanze bewegend um Wangen, von
Lächeln beglänzte,

Hari, im munteren Mädchengedräng,
Mit Scherzenden scherzt er im Freudengepräng.

39.
Mit den erschwellenden wallenden Brüsten umfangend
den Hari voll Preise,
Singet ihm eine der Hirtinnen nach die gewirbelte Pan-
tschama-Weise;
Hari, im munteren Mädchengedräng,
Mit Scherzenden scherzt er im Freudengepräng.

40.
Eine, die Lust hat aus lauschender Losheit der lockenden
Augen getrunken,
Steht in Gedanken nun in Madhusudana's Antlitznym-
phäe versunken.
Hari, im munteren Mädchengedräng,
Mit Scherzenden scherzt er im Freudengepräng.

41.
Eine, geschmiegt an die Seite der Wangen, um etwas ins
Ohr ihm zu raunen,
Küsset geschwinde den Liebsten und machet den Wonne-
durchschauerten staunen.
Hari, im munteren Mädchengedräng,
Mit Scherzenden scherzt er im Freudengepräng.

42.
Eine des Wirbels der Wonne Verlangende ziehet am
Jamuna-Strande

Jenen zur luftigen Laube Gewandten zurück mit der
Hand am Gewande.
Hari, im munteren Mädchengedräng,
Mit Scherzenden scherzt er im Freudengepräng.

43.
Wie die von Taktschlag schütternden Spangen die Flöte
begleiten im Schwunge,
Schwingt sich im rauschenden Reigen die andre, und
Hari belobet die Junge.
Hari, im munteren Mädchengedräng,
Mit Scherzenden scherzt er im Freudengepräng.

44.
Eine die halset er, eine die küsset er, herzete der herzigen
eine,
Blicket nach jener mit lieblichem Lächeln, und haschet
die andere feine.
Hari, im munteren Mädchengedräng,
Mit Scherzenden scherzt er im Freudengepräng.

46.
Er, der allgemeine Wonne ruft hervor durch seine
Gunst,
Dessen zarter Lotosleib weiht des Leiblosen Gottes-
fest,
Den nach Wunsch allgegenwärtig die Hainmädchen
rings umfahn,
Sieh, o Freundin, wie im Frühling unbefangen Hari
spielt!

II.

1.
Radha, während allverliebt im Haine Hari scherzte,
Ging hinweg, ob dem verlornen Vorzug eifersüchtig,
Und in einer Laube, deren Wipfel laut von Bienen-
Schwärmen tönte, sprach mit Härmen sie zur Freundin
also:

2.
Der mit dem Nektar der Lippen versüßet den Ton des
bezaubernden Rohres,
Flitternden Blickes und flatternden Kranzes, geschütter-
ter Ringe des Ohres,
Dort, wie sich Hari gebärdet im Reigen
Denk' ich, wo munterer Scherz ihm ist eigen.

3.
Dem mit beaugeten Pfauengefieder bespangt ist die Fülle
des Haares,
Reich mit Purandara's Bogen bezogen das weiche Ge-
wölk des Talares,
Dort, wie sich Hari gebärdet im Reigen,
Denk' ich, wo munterer Scherz ihm ist eigen.

4.
Üppiggelendeten ländlichen Frauen zu küssen den
Mund voll Begierde,
Süß bandhudschiwischen Lippengeknospes mit locken-
der lächelnder Zierde,

Dort, wie sich Hari gebärdet im Reigen,
Denk' ich, wo munterer Scherz ihm ist eigen.

5.

Mit den erschaudernden Ranken des Armes ein Hirtinnentausend umkränzend,
Mit bejuwelten Händen und Füßen und Busen das Dunkel durchglänzend,
Dort, wie sich Hari gebärdet im Reigen,
Denk' ich, wo munterer Scherz ihm ist eigen.

6.

Schimmer von sandelbemaleter Stirn zu des Mondes Beschämung ergießend,
Schwellende Brüste mit ungestüm pochender Pforte des Herzens umschließend,
Dort, wie sich Hari gebärdet im Reigen,
Denk' ich, wo munterer Scherz ihm ist eigen.

7.

Edelgesteiniges Makara-förmiges Ohrengehäng' um die Wangen,
Safrangemantelt, von Helden und Heiligen, Göttern und Geistern umfangen,
Dort, wie sich Hari gebärdet im Reigen,
Denk' ich, wo munterer Scherz ihm ist eigen.

8.

Lehnend am weißen Kadamba, das Grauen und Grausen von Kali beschwichtend,

Mich mit Anangas Gedanken und Blicken empor auch ein
weniges richtend,
Dort, wie sich Hari gebärdet im Reigen,
Denk' ich, wo munterer Scherz ihm ist eigen.

10.
Es zählet aller Zierden Zahl, und stößt sich nicht an die
Verstoßung,
Es sehnet nach Versöhnung sich, und weiset ferne die
Verschuldung;
Nach Krischna, der mit andern zwar sich letzt und ohne
mich ergetzet,
Macht liebend doch sich wieder auf dies leide Herz! was
soll ich machen?

11.
Mir, der Verborgnen im laubigen Dach, ihn, den Schlumm-
rer in nächtlicher Hülle,
Mir, der Allspähenden, furchtsames Blicks, ihn, den La-
chenden, wonniger Fülle,
Freundin! den Kesi-Besieger, den klaren,
Bring' ihn zum Spiele mir, liebesbewegt sich der Wun-
schesgewährten zu paaren.

12.
Mir, der bei seinem Erscheinen Errötenden, ihn, den
beredtsamen Koser,
Mir, der mit lieblichem Lächeln Begrüßten, ihn, der dies
Gewand macht loser,

Freundin! den Kesi-Besieger, den klaren,
Bring' ihn zum Spiele mir, liebesbewegt sich der Wunschesgewährten zu paaren.

13.
Mir, der aufs grünende Bette Gesunkenen, ihn, der mir liege zur Seiten,
Mir, der Bereiten zu Kuß und Umfang, ihn die Lippen zu saugen Bereiten,
Freundin! den Kesi-Besieger, den klaren,
Bring' ihn zum Spiele mir, liebesbewegt sich der Wunschesgewährten zu paaren.

14.
Mir, mit ermattet gesunkenem Aug', ihn mit lustvoll erschauernden Wangen,
Mir, der im Tau der Erschöpfung Zerfloßnen, ihn trunken von Zittern umfangen,
Freundin! den Kesi-Besieger, den klaren,
Bring' ihn zum Spiele mir, liebesbewegt sich der Wunschesgewährten zu paaren.

15.
Mir, von des Kokila Girren umschwirrt, ihn, den Sieger anangischer Regeln,
Mir, mit zerknitterten Blumen im Haar, ihn, am Busen mit Spuren von Nägeln,
Freundin! den Kesi-Besieger, den klaren,
Bring' ihn zum Spiele mir, liebesbewegt sich der Wunschesgewährten zu paaren.

16.
Mir, der bespanget erklingelt der Fuß, ihn, durchmessend
die Bahn von Genüssen,
Mir, der entkettet der Gürtel ertönt, ihn, der fasset beim
Haar, um zu küssen,
Freundin! den Kesi-Besieger, den klaren,
Bring' ihn zum Spiele mir, liebesbewegt sich der Wun-
schesgewährten zu paaren.

17.
Mir, im Gefühle der Wonne, betäubt, ihn, dem halb ist
das Aug' aufgegangen,
Mir, der die Ranke des Leibs hinsinkt, ihn, mit steigen-
dem Liebesverlangen,
Freundin! den Kesi-Besieger, den klaren,
Bring' ihn zum Spiele mir, liebesbewegt sich der Wun-
schesgewährten zu paaren.

19.
Wie aus der Hand die Flöt' ihm sinkt, wie aus den schie-
fen Augenbrauenranken
Der frohen Frauen freier Blick ihn trifft, die Wang' ihm
perlt von hellem Schweiße,
Und, da sein Auge mich erblickt, verlegnes Lächeln um
den Mund ihm spielt,
Gowind' im Hain von Hirtinnengedräng umgeben seh'
ich, und es freut mich.

III.

1.
Doch es nahm der Kansa-Feind die weltlustbilderfesselnde
Spange, Radha, nun ans Herz, und wich vom Chor der Hirtinnen.

2.
Dahin und dorthin ging er nach der Radhika,
Ananga-Pfeileswunden fühlend in der Brust,
Herzreuevoll, und an Kalindanandini's
Gestad' im Busche ließ sich nieder Madhawa.

3.
O! sie ging, wie sie hier umrungen mich sah von Frauengestalten,
Im Gefühle der Schuld auch ward sie von mir zurück nicht gehalten;
Harihari! die Gekränkte, gegangen ist sie im Zorne!

4.
Was beginnet sie? was wohl sinnet sie, die Verlaßne voll Beben?
Was kann Gold nun und Gut mir gelten, was gelten Welt mir und Leben?
Harihari! die Gekränkte, gegangen ist sie im Zorne!

5.
Ihres Antlitzes denk' ich unter den Brau'n, vom Zorne verzogen,

Gleich der roten Nymphäe, dunkel von Bienenschwarm überflogen,
Harihari! die Gekränkte, gegangen ist sie im Zorne!

6.
Herzlich halt ich sie hier umhegt, in des Herzens Räumen getragen;
Warum soll ich im Wald sie suchen, warum vergebens hier klagen?
Harihari! die Gekränkte, gegangen ist sie im Zorne!

7.
Schmächt'ge! deines von Gram zerbrochenen Herzens muß ich gedenken,
Kann – ich weiß nicht, wohin du gingest – nach dir die Schritte nicht lenken.
Harihari! die Gekränkte, gegangen ist sie im Zorne!

8.
Du erscheinest mir! Ja, ich sehe vor meinen Augen dich schweben;
Warum willst du mit froher Hast mir wie sonst Umarmung nicht geben?
Harihari! die Gekränkte, gegangen ist sie im Zorne.

9.
O verzeih mir! und nimmer wieder von mir soll solches geschehen.
Gib, o Schönste, mir deinen Blick! ich vergeh' in Manmathas Wehen.
Harihari! die Gekränkte, gegangen ist sie im Zorne!

11.
Dies Fasernband am Herzen mir, nicht ist's der Fürst der
Schlangen;
Dies Lotoslaubgewind am Hals, nicht ist's der Glanz des
Giftes;
Nur Sandelstaub, nicht Asch' ist dies: befehde nicht mich
Kranken,
Mit Hara mich verwechselnd, was voll Grimm, Ananga,
tobst du?

12.
Nimm zur Hand den Amra-Pfeil nicht! spanne nicht den
Bogen straff!
Spielender Weltbesieger! ist Ohnmächt'ge fällen Hel-
dentat?
Schon vom Liebesblickgeschosse der Gazellenaugigen
Ist dies Herz genug verwundet, das bis heut sich nicht
erholt.

13.
Ist Brau' ein Bogen, Wimperblickes Schwingung
Ein Pfeil, Ohrläppchen eine Sehn', o Smara,
Wie hast du zum Triumphzug dieser Schönen
Geliehen alle Weltbesiegungswaffen!

14.
Vom Brauenbogen Streifblickschuß, richt' er nur Glie-
derweh an!
Das schwarzgewundne Haarnetz auch, üb' es nur Zau-
berkünste!

Berückung spend', o Schmächtige, die rote Wimba-
Lippe!
Doch deine zartgewölbte Brust, wie spielt mit meinem
Geiste sie!

15.
Die lieblichen Berührungen das holde schwanke Blicke-
spiel der Augen,
Der Mundnymphäe würz'ger Duft, die Nektarträufe-
lung der losen Worte,
Der Wimba-Lippe Süßigkeit! da in Vergegenwärt'gung
all der Reize
Mit Andacht das Gemüt an sie sich schmiegt; wie kann
der Trennung Pein doch walten!

IV.

1.
Den am Jamuna-Stromufer im Laubhause verweilen-
den
Hari voll Liebesunruhen, grüßte die Freundin Radha's
itzt:

2.
Sandel verbannt sie, die Strahlen des Mondes erkennt sie
für Qualenumschnürung,
Nennt die malajischen Lüfte vergiftet von Schlangenge-
birges Berührung,

Sie, von der Trennung erkrankend,
Krischna! geschreckt von Ananga's Geschossen, als einzigen Hort dich umrankend.

3.
Um vor den dicht sich ergießenden Madana-Pfeilen dir Schirmung zu geben,
Wölbt sie ums Herz, wo du wohnest, ein Schild sich aus tauigen Lotosgeweben,
Sie, von der Trennung erkrankend,
Krischna! geschreckt von Ananga's Geschossen, als einzigen Hort dich umrankend.

4.
Aus den Geschossen des blumenverschießenden Gottes, versenkt in Gefühle,
Häufet sie deiner Umarmungen Wonnen geweihete blumige Pfühle,
Sie, von der Trennung erkrankend,
Krischna! geschreckt von Ananga's Geschossen, als einzigen Hort dich umrankend.

5.
Ihres Gesichtes Nymphäe bewegt sie, von rinnenden Tränen umflossen,
Ähnlich dem Mond, der, vom Rachen des Rahu bedrängt, hat sein Amrit vergossen,
Sie, von der Trennung erkrankend,
Krischna! geschreckt von Ananga's Geschossen, als einzigen Hort dich umrankend.

6.

Mit Antelopengewürze sie malet dich heimlich als Schü-
rer der Gluten,
Betet das Bild an, in Händen den Makara haltend und
Pfeile von Tschuten,
Sie von der Trennung erkrankend,
Krischna! geschreckt von Ananga's Geschossen, als ein-
zigen Hort dich umrankend.

7.

Also die Wiederkehr singet sie: Madhawa! sieh mich zu
Fuße dir fallen;
Kehrst du dich ab, so wird Feuer statt Nektar im Becher
des Mondes mir wallen.
Sie, von der Trennung erkrankend,
Krischna! geschreckt von Ananga's Geschossen, als ein-
zigen Hort dich umrankend.

8.

Hin in Gedanken geschmolzen, sie stellt sich dich vor,
dich so schwer zu erflehen,
Klaget und lachet und lieget und weinet und wandelt
und wechselt die Wehen,
Sie, von der Trennung erkrankend,
Krischna! geschreckt von Ananga's Geschossen, als ein-
zigen Hort dich umrankend.

10.
Ihre Wohnung dünkt ein wilder Wald ihr,
Und ihr Mägdechor ein Jägernetz,
Während ihre glüh'nden Seufzerhauche
Bilden eines Waldbrands Flammenkranz;
Doch sie selbst, durch deine Flucht, o Jammer,
Nahm Gazellenbild an, ach und wie
Kama die Gestalt gewann von Jama,
Und beschickt mit Lust sein Tigerspiel!

11.
Selber vom lieblichen Kranz, der sie schmücket,
Fühlt die Gemagerte sich wie gedrücket,
Radha, in deiner Trennung, o Kesawa!

12.
Saftige, weichliche Salbe von Sandeln
Fühlt sie in Gift auf dem Leib sich verwandeln,
Radha, in deiner Trennung, o Kesawa!

13.
Seufzers unendlich gedehntes Hauchen
Lässet wie Madana's Lohe sie rauchen,
Radha, in deiner Trennung, o Kesawa!

14.
Um und um drehet sie, träufelnden Spieles,
Augennymphäen gesunkenen Stieles,
Radha, in deiner Trennung, o Kesawa!

15.
Zweifelnd besieht sie ihr blumiges Bette,
Das ihr erscheint wie Hutasana's Stätte,
Radha, in deiner Trennung, o Kesawa!

16.
Still auf die Hand nur die Wange sie leget,
Wie sich am Abend der Mond nicht beweget,
Radha, in deiner Trennung, o Kesawa!

17.
Hari, o Hari! so ruft sie erbangend,
Selbst in der Trennung zu sterben verlangend
Radha, in deiner Trennung, o Kesawa!

19.
Sie schauert, stöhnet, winselt, zittert, schweigt,
Sinnt, schwärmet, nickt, fällt, strebet, schwindet hin;
Nur deine Huld erhält die Holde noch,
O Himmelsarzt, sonst bleibt kein Anhalt ihr.

20.
Wenn die Liebeskranke, süßer Götterarzt,
Deren Heilung deines Leibes Amrit ist,
Wenn du Radha von dem Weh nicht retten willst,
Indra's Bruder! bist du hart wie Indra's Keil.

21.
Unter Kama's Drang und Andrang kranken Leibs, o Wunder, fühlt

Ihr Gemüt, an Sandel, Mond und Lotos denkend, Traurigkeit.
In Geduld nur die Gedanken ganz auf deinen kühlen Leib
Richtend, einz'ger Freund, im Stillen atmet noch die Schwindende.

22.
Die, durch ein Blinzen deines Auges gekränkt schon,
Sonst keinen Augenblick ertrug die Trennung,
Wie seufzt sie jetzt, da den Rasala-Strauch sie
Durch Trennungslänge siehet neu beblütet!

V.

1.
»Hier verweil' ich; geh zu Radha,
Bring mein Werben! bring sie hergeführet!
So vom Madhu-Feind gesendet,
Eilte selbst und sprach zu Radha jene:

2.
Wo malajische Lüfte wehn,
  schwebend Ananga zu tragen,
Blühende Knospen aufgehn,
  Herzen getrennter Verliebter zu nagen,
Freundin! wie schmachtet der Hainbekränzte, getrennt von dir!

3.
Glühend am tauigen Mondenstrahl,
stellt er sich an zu sterben;
Fühlend Madana's Pfeilqual.
klaget er laut das gedrohte Verderben.
Freundin! wie schmachtet der Hainbekränzte, getrennt von dir!

4.
Vor dem tönenden Bienenschwarm
hält er verstopft die Ohren;
Durch die Trennung an Lust arm,
siechet er nächtlich in Schmerzen verloren,
Freundin! wie schmachtet der Hainbekränzte, getrennt von dir!

5.
Wälder wählt er zum Aufenthalt,
glänzende Schlösser verlassend,
Wälzt am Boden sich stumm bald,
bald bei dem Namen dich ruft er erblassend;
Freundin! wie schmachtet der Hainbekränzte, getrennt von dir!

7.
Wo schon eh'r des Wonneherren Lustziel er mit dir erreicht,
In derselben Laube, Kama's hohem Tempel, harret er,
Madhawa, der, dich nur denkend, flüstert Huldbeschwörungen,
Wieder deiner Busenschal' Umarmungsnektar wünschet er.

8.

Wo er zur Wohnung der Wonnebelohnung genaht ist im
Schmucke der Liebe,
Stattlich Gelendete! säume nicht, wende dich schnell zu
dem Herrscher der Triebe!
Unter dem Duftstrauch an Jamuna's Lufthauch harret
der Hainbekränzte.

9.

Deinen bedungenen töneverschlungenen Namen ent-
haucht er dem Rohre,
Neidet dem Winde den Staub, der gelinde dir, Zarte, ge-
spielt hat am Flore;
Unter dem Duftstrauch an Jamuna's Lufthauch harret
der Hainbekränzte.

10.

Schwingt eine Taube sich, regt es im Laube sich, meinet
er, daß du gekommen,
Schmücket das Lager dir, blicket mit zager Begier dir
entgegen beklommen;
Unter dem Duftstrauch an Jamuna's Lufthauch harret
der Hainbekränzte.

11.

Laß die umzingelnden, plauderhaft klingelnden, liebes-
verrät'rischen Spangen,
Freundin, o husche zum dämmrigen Busche, von nächt-
lichen Schleiern umfangen!

Unter dem Duftstrauch an Jamuna's Lufthauch harret
der Hainbekränzte.

12.
Dort die geschmeidete, safranbekleidete Brust, wie die
kranichumschweifte
Wolke, dem Blitze gleich wählst du zum Sitze, die heiß
im Verlangen Gereifte.
Unter dem Duftstrauch an Jamuna's Lufthauch harret
der Hainbekränzte.

13.
Schlag die gelösete, schmuckesentblößete Lende gleich
einem Gewande
Um den auf Sprossen gewiegten Genossen, o Blüh'nde
zu wonnigem Pfande!
Unter dem Duftstrauch an Jamuna's Lufthauch harret
der Hainbekränzte.

14.
Madhawa's Sinn ist stolz, im Beginn ist die Nacht, bald
ist sie vergangen,
Tu, was ich heiße, mit eilendem Fleiße, befriedige Hari's
Verlangen!
Unter dem Duftstrauch an Jamuna's Lufthauch harret
der Hainbekränzte.

17.
Zugleich mit deiner Sprödigkeit hinunter ganz gegan-
gen ist die Sonne,
Und mit Gowinda's Sehnsucht hat die volle Dichtigkeit
erlangt das Dunkel;

Dem Tschakrawaka-Rufe gleich ertönt kläglich meine lange Liebesmahnung:
Leichtsinnige, was zauderst du? die rechte Zeit ist da zum Nachtbesuche!

18.

Unter Armverschränkung, unter Küssen, unter Nägelkampf,
Unter Wonnerweckung, unter Liebeshast und Lustbeginn,
Zwei Entzweite, wieder eins gewordne, traulich Kosende,
Welche Lust, o welche labt sie, schamgewürzt, nicht in der Nacht!

19.

Scheuer Furcht, die Augen rings im Dunkel werfend auf den Pfad,
Oft an einem Baume stockend, langsam setzend Fuß vor Fuß,
Endlich heimlich angelangt mit Gliedern wonnewogenden,
Schöne! mag der Freund dich sehen, und begehen seine Lust!

VI.

1.
Doch sie, zu schwach zu gehen,
Voll Liebeswehen lag im Rankenhaus.
Die Freundin, um Gowinden
Dies zu verkünden, kam zu ihm:

2.
Überall schaut sie, wohin sie nur schauet,
Dich, dem die Lippe von Honige tauet,
Hari, o Hort!
Radha erliegt in der Laube dort.

3.
Hebt, dir entgegenzugehn, sie die Glieder,
Sinkt sie nach wenigen Schritten danieder,
Hari, o Hort!
Radha erliegt in der Laube dort.

4.
Blüten und Blätter zu Ketten verwebend,
Schwärmt sie, von deiner Erinn'rung nur lebend,
Hari, o Hort!
Radha erliegt in der Laube dort.

5.
Sich im gebärdenden Spiele betrachtend,
»Bin ich nicht Hari?« so rufet sie schmachtend,
Hari, o Hort!
Radha erliegt in der Laube dort.

6.
»Warum zum Ort der Bestimmung nicht eilt er?«
Fragt sie beständig: »o Freundin, wo weilt er?«
Hari, o Hort!
Radha erliegt in der Laube dort.

7.
Küssend umarmt sie der nächtlichen Schatten
Wolkengebild, das sie hält für den Gatten,
Hari, o Hort!
Radha erliegt in der Laube dort.

8.
Während du säumest, erliegt sie dem Drange,
Jammert und harret bereit zum Empfange,
Hari, o Hort!
Radha erliegt in der Laube dort.

10.
Bis zum Ohrläppchen schaudernd, seufzerschwellend,
Mit stockender, erstickter Stimme stammelnd,
Auf dich, Treuloser, richtend tiefe Sehnsucht,
Denkt, lustversenkt, nur dich, die Rehgeaugte.

11.
Oft legt sie ihren Gliedern an den Putz, und, rührt ein Blatt sich,
So wähnt sie dich gekommen, breitet auf das Bett, und sinnet.
Wiewohl sie so mit Wohnungsschmuck, mit Wonnewahn und Argwohn
Sich unterhält, doch ohne dich durchlebet sie die Nacht nicht.

VII.

1.
Der, dem zur Last fällt Fall und Fehltritt vieler
Nachtwandlerinnen (davon trägt er Flecken),
Jetzt um Wrindawan's Wald ein Strahlnetz wob er,
Der Mond, am Mund der Nacht ein Sandeltropfen.

2.
Da hin die Lichtscheib' eilte,
Und ferne weilte Madhawa von ihr,
Hub an mit lauten Klagen
Ihr Leid zu sagen Radha so:

3.
Ach! Der Freund läßt zur Frist mich im Hain unbesucht!
Welken muß meines Leibs Jugendblüt' ohne Frucht.
Ha, an wen wend' ich mich? auch der Herzfreundin Wort ist Betrug.

4.
Dem ich nachgehe, nachts tief in Waldwüstenein,
Madana's Pfeile bohrt er ins Herz mir, o Pein!
Ha, an wen wend' ich mich? auch der Herzfreundin Wort ist Betrug.

5.
Sterben! was bleibt mir sonst? Soll ich mit krankem Leib,
Sinnberaubt, diese Glut tragen, glückloses Weib?

Ha, an wen wend' ich mich? auch der Herzfreundin
Wort ist Betrug.

6.
Ach, wie bringt Kummer mir diese lenzlaue Nacht!
Welche Glücksel'ge hat sie in Lust dort durchwacht?
Ha, an wen wend' ich mich? auch der Herzfreundin
Wort ist Betrug.

7.
Meines Leibs Edelsteinspangengeschmuck, keine Lust,
Keinen Trost bringt er mir unter'm Brand meiner
Brust.
Ha, an wen wend' ich mich? auch der Herzfreundin
Wort ist Betrug.

8.
Selbst der Strauß, den ich drück' an dies Herz blumen-
weich,
Tötet mich, denn er sieht jenes Gottes Pfeilen gleich.
Ha, an wen wend' ich mich? auch der Herzfreundin
Wort ist Betrug.

9.
Hier am Fluß seh' ich Schilfrohre stehn ohne Zahl,
Doch es denkt Madhawa mein nicht ein einzigmal.
Ha, an wen wend' ich mich? auch der Herzfreundin
Wort ist Betrug.

11.
Was ist es? geht er Schönen nach? hält ihn umringt der Reigen
Von frohen Tanzgenossen? ging er irr im dunklen Haine?
Vermag der Liebe, Lässige nicht einen Schritt zu schreiten,
Daß den bestimmten Ort der Rankenhütt' er nicht besucht hat?

12.
Da sie nun ohne Madhawa die Freundin
Sah wiederkommen schweigend und verlegen,
Argwohnte sie, den Weltersehnten habe
Verlockt ein Weib, und sprach, als ob sie's sähe:

13.
Rüstig geschürzet zu Madana's Kriegen,
Blumenverstreuender Haare, die fliegen,
Liebend mit Hari vereint,
Scherzt eine, die mir selig scheint.

14.
Trunken von Hari's Umarmung durchzittert,
Während der Schmuck auf dem Busen ihr schüttert,
Liebend mit Hari vereint,
Scherzt eine, die mir selig scheint.

15.
Mond des Gesichtes von Locken umflogen,
Saugend an Lippen und müde gesogen,

Liebend mit Hari vereint,
Scherzt eine, die mir selig scheint.

16.
Ohrengehäng' um die Wangen bewegend,
Rasch mit der klingenden Hüfte sich regend,
Liebend mit Hari vereint,
Scherzt eine, die mir selig scheint.

17.
Lächelnd am Blicke des Liebsten errötend,
Liebesentzückungen wonniglich flötend,
Liebend mit Hari vereint,
Scherzt eine, die mir selig scheint.

18.
Schauerdurchrieselt, empfindungdurchzittert,
Stöhnend und blinzend, von Kama umwittert,
Liebend mit Hari vereint,
Scherzt eine, die mir selig scheint.

21.
Der wie Hari's sehnsuchtbleiches Antlitz
Lächelt, um den Kummer zu zerstreun,
Ach, der Mond, er breitet übers Herz voll
Herzenliebe mir nur Liebespein.

22.
Aufs liebesentzündete, kußlichgemündete Antlitz der Liebsten malt
Er mit Schauderbeschleichen aus Muskus ein Zeichen, als Reh, das im Monde strahlt.

O wie spielt an Jamuna's waldigem Strand
Madhusudana jetzo, der Held!

23.
In das Wolkengeflocke der glänzenden Locke, die weht
um der Wangen Zier,
Flicht er Kurawa-Spitzen, die flattern gleich Blitzen, in
Madana's Jagdrevier.
O wie spielt an Jamuna's waldigem Strand
Madhusudana jetzo, der Held!

24.
Des Busens gelüftete, muskusdurchdüftete wölbende
Himmelsflur,
Er besternt sie mit reinen Gehängen von Steinen, ihr
Mond ist die Nagelspur.
O wie spielt an Jamuna's waldigem Strand
Madhusudana jetzo, der Held!

25.
Den Arm ohne Mängel, den Lilienstengel, den Lilien-
hand bezweigt,
Umspangt er mit Bienen, mit feur'gen Rubinen, den
Arm, der dem Schnee'e gleicht.
O wie spielt an Jamuna's waldigem Strand
Madhusudana jetzo, der Held!

26.
Um's Wonnegelände der schwellenden Lende, den Ma-
dana-Thron von Gold,
Ist der festliche Bogen des Sieges gezogen, der Gürtel
juwelenhold.

O wie spielt an Jamuna's waldigem Strand
Madhusudana jetzo, der Held!

27.

Die Kamala-Schüsse, die weichlichen Füße, mit Nagel-
juwel geschmückt,
Belegt er zum Schutze mit Jawaka-Putze, indem er ans
Herz sie drückt.
O wie spielt an Jamuna's waldigem Strand
Madhusudana jetzo, der Held!

28.

Da also der Sieger, der Bruder vom Pflüger, ein reizen-
des Weib umkos't,
Was weil ich, zum Raube dem Gram, in der Laube, o
Freundin, hier ohne Trost?
O wie spielt an Jamuna's waldigem Strand
Madhusudana jetzo, der Held!

30.

Was, Freundin, wenn der Grausame nicht kam, o Botin,
grämst du dich?
Ergötzt der Vielgeliebte sich nach Lust, was ist es deine
Schuld?
Sieh, zur Vereinung mit dem Freund, gezogen von des
Liebsten Zier,
In Sehnsuchtwehn ergossen, soll nun diese Seele selber
gehn.

31.
Unter dem lächelnden Blick des Genossen
Schmachtet sie nicht auf dem Lager von Sprossen,
Sie, o Freundin, mit der Wanamali spielt.

32.
Unter dem Hauche vom blühenden Munde
Fühlet sie nicht von Ananga die Wunde,
Sie, o Freundin, mit der Wanamali spielt.

33.
Unter'm ambrosischen Kosen gelinde
Trinket sie Glut nicht im Malaja-Winde,
Sie, o Freundin, mit der Wanamali spielt.

34.
Unter den glänzenden Lilienhänden
Dürfen sie Strahlen des Mondes nicht blenden,
Sie, o Freundin, mit der Wanamali spielt.

35.
Unter der tauenden Wolke der Wonnen
Ist sie dem Jammer der Trennung entronnen,
Sie, o Freundin, mit der Wanamali spielt.

36.
Unter dem Glanze des Schmucks des Getreuen
Braucht sie kein Mägdegelächter zu scheuen,
Sie, o Freundin, mit der Wanamali spielt.

37.
Unter dem Schirme des Schönsten von allen
Trifft sie kein Weh, denn sie hat ihm gefallen.
Sie, o Freundin, mit der Wanamali spielt.

39.
Kama's Wonn' erregender, o Sandelwind,
Schenk' mir Huld und wehe recht! o sei nicht links!
Schöpfungsodem! bring mir einen Augenblick
Hari her, und nimm den Odem mir dafür!

41.
Malaja-Luft, gib mir den Tod! Fünfpfeiliger
Nimm meinen Hauch hin! nicht nach Hause geh' ich mehr.
Was, Jama's Schwester schonest du? In deine Flut
Tauch meine Glieder, lösche dieses Leibes Brand!

VIII.

1.
Doch nach endlich hingebrachter Nacht,
Morgens, noch von Smara's Pfeile wund,
Sprach zu dem, vor ihr zwar auf den Knien
Gnade Fleh'nden, sie doch voller Verdruß:

2.
Dein von beschwerlicher nächtlicher Wache gerötetes Auge, das träge

Blinzende, trägt es nicht gleichsam zur Schau des erwünschten Genusses Gepräge?
Harihari! geh nur, Madhawa! geh nur, Kesawa! rede nicht trügliche Worte!
Lotosgeaugter! suche nur die, die dir dienet im Kummer zum Horte!

3.

Die von geküssetem dunkelgeschminktem Auge geliehenen Schwärzen
Färben die rötlichen Lippen, o Krischna, dir ganz überein mit dem Herzen.
Harihari! geh nur, Madhawa! geh nur, Kesawa! rede nicht trügliche Worte!
Lotosgeaugter! suche nur die, die dir dienet im Kummer zum Horte!

4.

Zeiget dein Leib doch die Spuren geschärfter Nägel kandarpischen Krieges,
Wie die smaragdene Tafel in goldenen Zügen das Denkmal des Sieges.
Harihari! geh nur, Madhawa! geh nur, Kesawa! rede nicht trügliche Worte!
Lotosgeaugter! suche nur die, die dir dienet im Kummer zum Horte!

5.

Glänzt nicht dein edeler Busen vom Lacke, dem Lotos des Fußes entflossen,

Wie um von außen zu weisen vom Baume der Liebe die
neuesten Sprossen?
Harihari! geh nur, Madhawa! geh nur, Kesawa! rede
nicht trügliche Worte!
Lotosgeaugter! suche nur die, die dir dienet im Kummer zum Horte!

6.

Spuren verwundender Zähn' auf den Lippen erregen mir
Gram im Gemüte,
Fragen mich, ob unversehrt ich bei mir nun den Leib des
Geliebten wohl hüte[1]?
Harihari! geh nur, Madhawa! geh nur, Kesawa! rede
nicht trügliche Worte!
Lotosgeaugter! suche nur die, die dir dienet im Kummer zum Horte!

7.

Deine befleckte Gesinnung, o Krischna, ist gleichsam
von außen zu sehen;
Sprich, was betörst ein ergebenes Weib du, das ringet in
Madana's Wehen[2]?

[1] Meine ältere deutsche Übersetzung, wörtlicher als die jetzige lautete so:
Spuren des Zahns auf den Lippen erzeugen mir Kummer im Geist ungeheilt,
Fragen, ob dieser dein Leib wohl auch jetzo vereint sei mit mir ungeteilt?

[2] Meine erste Übersetzung lautete:
Selber von außen beflecket, o Krischna, mag wohl dein Gemüt mir erscheinen.
Wie denn betrügst du ein Weib, ein ergebnes, gepeint von anangischen
Peinen?

Harihari! geh nur, Madhawa! geh nur, Kesawa! rede nicht trügliche Worte!
Lotosgeaugter! suche nur die, die dir dienet im Kummer zum Horte!

8.
Edler, du schweifest, um Weiber zu fahen, in Wäldern, was ist da zu staunen?
Putanika schon bezeugt dir die kindischen frauenverderblichen Launen.
Harihari! geh nur, Madhawa! geh nur, Kesawa! rede nicht trügliche Worte!
Lotosgeaugter! suche nur die, die dir dienet im Kummer zum Horte!

IX.

1.
Aber zu der Liebesgekränkten,
Kummerversenkten, Verlangenvollen,
Über Hari's Vergehen Grollenden,
Mit ihm Schmollenden, sprach die Magd:

2.
Hari auf Flügeln der Lenzluft besucht dich;
Locket auf Erden wohl süßere Frucht dich?
Gegen Madhawa tu
Nicht spröd', o Spröde du!

3.
Deine die Dattel beschämende Brust hier,
Sprich, was entziehst du selber die Lust ihr?
    Gegen Madhawa tu
    Nicht spröd', o Spröde du!

4.
Sagt' ich's so oft dir in jeglicher Art nicht?
Gegen den herrlichen Hari sei hart nicht!
    Gegen Madhawa tu
    Nicht spröd', o Spröde du!

5.
Warum o zagest du, klagest du, weinst du?
Alle Gefährtinnen lachen, was meinst du?
    Gegen Madhawa tu
    Nicht spröd', o Spröde du!

6.
Sieh, auf dem Lager von Blüt' und von Blatt da
Lagert er, mache die Augen dir satt da!
    Gegen Madhawa tu
    Nicht spröd', o Spröde du!

7.
Treibe vom Herzen des Kummers Berennung!
Höre mein Wort, das nicht rät zu der Trennung:
    Gegen Madhawa tu
    Nicht spröd', o Spröde du!

8.
Hari soll kommen und kosen genußreich;
Freundin, was machst du das Herz dir verdrußreich?
Gegen Madhawa tu
Nicht spröd', o Spröde du!

10.
Wenn du hart dem Weichen, wenn du starr bist dem sich Schmiegenden,
Abgeneigt dem Zugeneigten, feindlich einem solchen Freund;
Billig wird dann, o Verkehrte, Sandelsalbe dir zu Gift,
Mondstrahl Sonnenbrand, Schnee Feuer, Minnelustspiel Todeskampf.

X.

1.
Als inzwischen lind ihr Zorn geworden war,
Und des langen Seufzens müd' ihr schöner Mund,
Trat zu ihr, die schamvoll auf die Mägde sah,
Abends Hari, sprach mit holdem Stammeln so:

2.
Wenn du nur ein Wörtchen sprichst, wird des Zahnes Lilienglanz dieses Bangens Nacht mir entfloren;
Deines Angesichtes Mond mit dem Lippennektarstrom labt der Augen durst'ge Tschakoren.

Freundin! anmutreiche! laß den Stolz, den grundlosen,
sinken!
Von Kandarpa's Feuer ging meine Seel' in Flammen auf;
gib des Mundes Met mir zu trinken!

3.
Schöngezahnte, wenn du bist wirklich gegen mich erzürnt, gib vom Pfeil des Nagels die Wunde!
In Armfesseln schlage mich, scharfes Bisses nage mich,
oder was dir lieb ist zur Stunde!
Freundin! anmutreiche! laß den Stolz, den grundlosen,
sinken!
Von Kandarpa's Feuer ging meine Seel' in Flammen auf;
gib des Mundes Met mir zu trinken!

4.
Du allein bist meine Zier, du allein mein Leben hier,
mein Juwel in irdischen Schlachten;
Herrin, daß du gegen mich immer freundlich seiest, das
ist des Herzens eifrigstes Trachten.
Freundin! anmutreiche! laß den Stolz, den grundlosen,
sinken!
Von Kandarpa's Feuer ging meine Seel' in Flammen auf;
gib des Mundes Met mir zu trinken!

5.
Dein sonst lotosblaues Aug', Holde, trägt erzürnt den
Schein rötlicher Nymphä' im Gewässer;
Wenn du durch des Liebespfeils Regung es wie meinen
Leib dunkeln ließest, ständ' es ihm besser.

Freundin! anmutreiche! laß den Stolz, den grundlosen,
sinken!
Von Kandarpa's Feuer ging meine Seel' in Flammen auf;
gib des Mundes Met mir zu trinken!

6.

Laß dein Edelsteingerank auf der Brüste Schalen sprühn,
daß es färbe des Herzens Bleichen!
Laß des Gürtels Glockenspiel tönen um der Lende Wall,
daß zur Lust es gebe das Zeichen!
Freundin, anmutreiche! laß den Stolz, den grundlosen,
sinken!
Von Kandarpa's Feuer ging meine Seel' in Flammen auf;
gib des Mundes Met mir zu trinken!

7.

Dein nymphäentötendes, meinen Busen rötendes, sieg-
reich auf dem Lustkampfplatze
Schimmernd steh'ndes Sohlenpaar, sprich, soll ich's be-
legen zart mit des Lacks saftglänzendem Schatze?
Freundin! anmutreiche! laß den Stolz, den grundlosen,
sinken!
Von Kandarpa's Feuer ging meine Seel' in Flammen auf;
gib des Mundes Met mir zu trinken!

8.

Gib, die Kama's Gift versöhnt, gib, die meine Scheitel
krönt, mir des Fußzweigs blühende Spitze!
Furchtbar ist in meinem Blut Madana's Verzehrungs-
glut; laß den Fußtritt dämpfen die Hitze!
Freundin! anmutreiche! laß den Stolz, den grundlosen,
sinken!

Von Kandarpa's Feuer ging meine Seel' in Flammen auf;
gib des Mundes Met mir zu trinken!

10.

Laß, Zweifelnde, den Wahn, den Haß! In deinem Schoß
und Busen
Ruht, Reizende, mein Wunsch und tut für andres nie sich
auf.
Eingeht ins Herz allein die Pein mir des leiblosen
Gottes;
Gib, Holde, gib sein Recht dem Trieb, umarmend gib
dich hin.

11.

Gib, Mädchen, mir des schonungslosen Zahnes Biß,
Der Arme Ketten, enge Busenklemmung!
Entbrannte! deine Lust laß aus! aus Wunden klaff
Des Mördergotts entfliehn die Lebensgeister.

12.

Mondangesicht, die Krümmung deiner Brauen
Ist junger Herzen schwarze Todesschlange;
Die von ihr drohende Gefahr zu wenden,
Ist dein Mundnektar die Beschwörungsformel.

13.

Nutzlos peinigt mich dein Schmollen, Schmächt'ge,
kose Köstliches!
Blühende, mit holdanredenden Blicken scheuche den
Verdruß!
Wohlgewandte, wend' einmal nicht mehr dein Antlitz
ab! o tu

Dir nicht selbst weh, Milde, Holde, dein Geliebter, ich
bin da!

14.
Bandhuka's Glanz hat deine Lipp', und deine Wange zart
Madhuka's Schimmer,
O Huldin, blauen Lotosduft zu hauchen scheinen deine
dunkeln Augen;
Die Nase strebt ein Tila-Sproß empor, o Kind mit Zäh-
nen von Jasminen!
In deines Angesichtes Dienst besiegt die Welt der Gott
mit Blumenwaffen.

15.
In deinem Blick die Trunkenheit, den Mondschein auf
der Stirne,
Die Anmut selbst in deinem Gang, die Füll' im Schen-
kelpaare,
In deinem Arm die Liebeslust, die Zierd' in krauser
Locke,
Wie manche Jugendgottheit bringst du mit dir her zur
Erde!

XI.

1.
Nachdem er lang geliebkost der Rehaugigen,
Ging vollgeschmückt zum laub'gen Lager Kesawa;
Da sprach, als augenlabend an der Abend glomm,
Zur fröhlich aufgeputzten Radha so die Magd:

2.
Der da mit schönen versöhnenden Tönen die Füße dir
flehend umfangen,
Nun in der luftigen Laube zum lockenden Lager der Lust
ist gegangen,
Mädchen! dem Madhu-Bemeistrer,
Dem genaheten, nahe dich, Radhika!

3.
Walle mit wallendem Busen, mit wogender Lendenbe-
wegung die Bahnen,
Schüchtern im Klange des schütternden Schmuckes, und
zeige den Gang der Fasanen,
Mädchen! dem Madhu-Bemeistrer,
Dem genaheten, nahe dich, Radhika!

4.
Hörst du des Madhu-Befehders die frauenbezaubernde
Stimme, die süße?
Unter dem Kokila-Chore, dem Liebe besingenden,
suche Genüsse,
Mädchen! dem Madhu-Bemeistrer,
Dem genaheten, nahe dich, Radhika!

5.
Winkend im Winde, mit blättergefingerten Händen, die
Winden der Bäume
Mahnen dich lange zur Eile des Gangs, Saumselige,
länger nicht säume,
Mädchen! dem Madhu-Bemeistrer,
Dem genaheten, nahe dich, Radhika!

6.
Diese vom Drang des Ananga Bewegte, nach Haris
Umarmungen Lust nur
Zeigende, frage du diese von hellen Juwelen betauete
Brust nur,
Mädchen! dem Madhu-Bemeistrer,
Dem genaheten, nahe dich, Radhika!

7.
Von der Gefährtinnen Reihen umrungen, zum ringen-
den Kampfe gerüstet,
Rasende! rühre die Trommel, und fahre die Nachtfahrt,
scheulos gebrüstet!
Mädchen! dem Madhu-Bemeistrer,
Dem genaheten, nahe dich, Radhika!

8.
Stütze die Hand mit dem Manmatha-Pfeile, dem Nagel,
auf deine Vertraute,
Wecke den lauschenden Freund mit der Spangen im
Anschritt dröhnendem Laute,
Mädchen! dem Madhu-Bemeistrer,
Dem genaheten, nahe dich, Radhika!

10.
»Schauen wird sie mich, wird kommen, bringen süßen
Liebesgruß,
Mit Umfang sich letzen, lustvereinigt!« so gedanken-
voll
Blickt er, Freundin, dort nach dir aus, zittert, schaudert,
jauchzt, zerfließt,

Springt empor und sinkt zurück, im dunkeln Laubge-
wölb, dein Freund.

11.

Schwarze Schmink' aufs Auge tuend, hinters Ohr Ta-
pitscha-Laub,
Auf die Locke dunklen Lotos, auf die Brust ein Mus-
kusmal,
Lauscht, gehüllt in dichte Schleier, jetzt das Nachtgraun
im Gebüsch,
Und umfängt, o Freundin, eil'ger Nachtbesucherinnen
Leib.

12.

Von kaschmirweißgeleibter Wandlerinnen
Juwelenglänzen überall bestreifet,
Dient dies tamalenblätterschwarze Dunkel
Der Nacht zum Probstein ihres Liebesgoldes.

13.

Am Eingang des vom Glanz des Halsgeschmeides,
Des goldnen Gürtels und der Kettenspangen
Durchstrahlten Laubdachs stand beschämt und schaute,
Den Hari Radha, da begann die Freundin:

14.

Hier in des Laubrankengeflechts Freudengemache,
Radha! tritt ein in Madhawa's Nähe,
Spiele du hier, Wonnebegierblickende, lache!

15.
Wo sich ein frisch grünes Gebüsch wölbet zum Bette,
  Radha! tritt ein in Madhawa's Nähe,
Spiele du hier, laß auf der Brust klingen die Kette!

16.
Wo den Palast blühender Ast baut, der betaute,
  Radha! tritt ein in Madhawa's Nähe,
Spiele du hier, Zierliche, Zartblumengebaute!

17.
Wo von der Duftmalajaluft kühl sind die Hallen,
  Radha! tritt ein in Madhawa's Nähe,
Spiele du hier, laß den Gesang lockend erschallen!

18.
Unter des Laubdaches gewindwebendem Hange,
  Radha! tritt ein in Madhawa's Nähe,
Spiele du hier, ruhe vom anstrengenden Gange!

19.
Wo ihr Gesumm übet die Imm' honigbetrunken,
  Radha! tritt ein in Madhawa's Nähe,
Spiele du hier, süß in Begier wonnig versunken!

20.
Wo dich der Lenzkokila laut ladet zum Sitze,
  Radha! tritt ein in Madhawa's Nähe,
Spiele du hier, zeige des Zahns glänzende Spitze!

23.
Mit verlangendem Lustbangen, auf Gowinda gewandt
den Blick,
Hold mit hellem Geschmeid läutend, ging sie ein in das
Haingemach.

24.
Ihn, der, von Radhas Antlitz bestrahlet, entfaltete viel-
fache Regung,
Wie bei des Monds Aufgange des wallenden Weltmeers
Wellenbewegung,
Hari, den einzigholden, der lang' ersehnt die Ver-
einung,
Sah sie nun, ihn mit den lustaussprechenden Mienen,
Ananga's Erscheinung.

25.
Dem ein gesterntes Geschmeide sich schmiegt, um den
Busen in weiter Umfließung,
Gleich der mit glänzenden Schäumen sich kränzenden
Jamuna-Flutenergießung,
1 Hari, den einzigholden, der lang' ersehnt die Ver-
einung,
Sah sie nun, ihn mit den lustaussprechenden Mienen,
Ananga's Erscheinung.

26.
Dem um den bräunlichen lieblichen Leib sich gebreitet
die gelbliche Hülle,
Wie um die blaue Nymphäe des stäubenden Duftes ver-
goldende Fülle,

Hari, den einzigholden, der lang' ersehnt die Vereinung,
Sah sie nun, ihn mit den lustaussprechenden Mienen, Ananga's Erscheinung.

27.

Dem auf dem liebegeröteten Antlitz die flatternden Wimpern sich wiegen,
Wie Bachstelzen im herbstlichen Weiher um blühende Lotosse fliegen,
Hari, den einzigholden, der lang' ersehnt die Vereinung,
Sah sie nun, ihn mit den lustaussprechenden Mienen, Ananga's Erscheinung.

28.

Welchem die Wangennymphäe zu küssen, die Ohrringsonnen sich drehen,
Welchem mit lächelndem Glanz aufblühen die Lippen, um Liebe zu flehen,
Hari, den einzigholden, der lang' ersehnt die Vereinung,
Sah sie nun, ihn mit den lustaussprechenden Mienen, Ananga's Erscheinung.

29.

Dessen beblumete Locken der Wolke, der mondlich beschimmerten, gleichen,
Dem wie ein Mond aus der Nacht sich erhebt an der Stirne von Sandel das Zeichen,
Hari, den einzigholden, der lang' ersehnt die Vereinung,

Sah sie nun, ihn mit den lustaussprechenden Mienen,
Ananga's Erscheinung.

30.

Mächtig vom Schauer der Wonne geschüttert, vom
Pulse der Liebe durchzittert,
Rings von dem Strahlengewebe juwelenen Schmuckes
die Glieder umflittert,
Hari, den einzigholden, der lang' ersehnt die Vereinung,
Sah sie nun, ihn mit den lustaussprechenden Mienen,
Ananga's Erscheinung.

32.

Aus dem Auge, das den Winkel überschreitend, nach des
Ohrs
Grenzgebiet hinstrebend, niedersinken ließ den schwanken Stern,
Stürzte jetzt der Radha, da ihr des Geliebten Anblick
ward,
Plötzlich wie ein Schweißerguß hervor ein Freudentränenstrom.

33.

Sie stand am Rand des Lagers,
Als, unterm Schein, die Wange sich zu jücken,
Das Lachen sich verhaltend,
Der aufmerksamen Mägde Schar hinausging;
Und als sie sah das Antlitz
Des Liebsten, das von Smara's Pfeil entglommne,
Die Schämige, da ging nun
Hinweg die Scham auch von der Rehgeaugten.

XII.

1.
Nach der Dienerinnen Weggang, als, von minder Scheu bedrängt,
Von Gefühlsiegs Ausdruck schwellend, lächeltaubenetzten Munds,
Radha, die Verlangenvolle dastand, und am laub'gen Bett
Ihre Augen niederschlug, sprach zur Geliebten Hari so:

2.
Liebende! setz' auf das Lager von Laube den Fuß, der den Lotos besieget,
Mach' es zum glänzenden Zeugen, wie leicht ihm sein blühender Gegner erlieget!
Im Augenblick dem Narajana, dem genaheten, nah', o Radhika!

3.
Soll in die Hand ich nicht fassen den Fuß dir? so weit her bist du gegangen;
Laß auf dem Bett wie mich selber nur ruhen die mutig begleitenden Spangen!
Im Augenblick dem Narajana, dem genaheten, nah', o Radhika!

4.
Träufle vom Nektarbehälter des Mundes ambrosische Worte zur Feier!

Sieh, wie die Trennung entheb' ich dem Busen den brü-
stebedrängenden Schleier.
Im Augenblick dem Narajana, dem genaheten, nah',
o Radhika!

5.
Den nach des Freundes Umfangen verlangenden, ban-
genden, einzig erkornen
Busen laß wallen am Busen mir, stille die Glut des Ge-
mütegebornen!
Im Augenblick dem Narajana, dem genaheten, nah',
o Radhika!

6.
Reizende! reiche den Nektar der Lippe, belebe den Skla-
ven, den toten,
Den in dir lebenden, welchem die Gluten der Trennung
zu atmen verboten.
Im Augenblick dem Narajana, dem genaheten, nah',
o Radhika!

7.
Klingle mit Gürteljuwelen ins Klingen der Kehle, du
Mond von Gesichte!
Meine zu lange von Kokila's Gellen ermüdeten Ohren
beschwichte!
Im Augenblick dem Narajana, dem genaheten, nah',
o Radhika!

8.
Jetzo den Freund, den von deinem so nutzlosen Grolle
Gequälten, zu sehen,

Blinzet dein Auge vor Scham; o laß es, und löse der Liebe
die Wehen!
Im Augenblick dem Narajana, dem genaheten, nah',
o Radhika!

10.

Wo dem engeren Umfahn vom Schauern,
Und dem Minneblickspiel von des Augs
Blinzelung, dem Lippennektartrinken
Von dem scherzenden Liebkosungswort,
Selbst dem Liebeskampfe vom Entzücken
Immer eine Schranke ward gesetzt:
Unter solchen Hemmungen ergehend,
Ward ihr Lustaustausch genußreich erst.

13.

Von Nageldruck blaßrote Brust, von Schlummerlosig-
keit getrübte Augen,
Der Lippen Purpur weggehaucht, des Hauptes Wald
wirr mit zerstörten Kränzen,
Der Gürtel klaffend, schlapp das Kleid: ein solches Mor-
genbild war sie den Augen;
O Wunder, wie des Gatten Herz von diesen Kama-Pfei-
len ward durchbohret!

17.

Zum Liebesbegnügten nach Wonnegenuß,
Sie mit gelösten Gliedern,
Radha mit ehrerbietiger Scheu
Sprach also zu Gowinda:

18.

Jadu-Beglücker! mit sandelerkühlender Hand an die
strahlende Busenschal',
An die mit Madana's Opfergefäße sich messende, male
das Muskusmal!
Sie gebot dem Jadu-Geborenen,
Dem spielenden Herzenserkorenen.

19.

Laß hier, o Liebster, am Liebesgeschosse versendenden
blendenden Augenpaar
Nun die vom Kusse der Lippen zerstobenen blinkenden
Schminken enttauchen klar!
Sie gebot dem Jadu-Geborenen,
Dem spielenden Herzenserkorenen.

20.

Holder Gesell! an die Augengazellenbewegungum-
hegenden Ohren bring'
Hier den geschickt sich wie Madana's Fangstrick deh-
nenden sehnenden Ohrenring;
Sie gebot dem Jadu-Geborenen
Dem spielenden Herzenserkorenen.

21.

Fang ins Geflechte die flatternden, lange wie Bienen in
schwärmenden Flocken mein
Lilienlicht des Gesichtes umhangenden, fange die locke-
ren Locken ein!
Sie gebot dem Jadu-Geborenen,
Dem spielenden Herzenserkorenen.

22.
Male mir, Muntrer, am Monde der Stirne das Zeichen
aus Muskus gemischt mit Fleiß,
Daß an dem Monde die Flecken nicht fehlen, nachdem
du ihm ab hast gewischt den Schweiß.
Sie gebot dem Jadu-Geborenen,
Dem spielenden Herzenserkorenen.

23.
Flicht nur und sträube dich nicht, hier ins wallende Panner Ananga's die Blumenschleif',
Hier in das wirre Geflirre des Schopfes, der spielt wie
ein spiegelnder Pfauenschweif.
Sie gebot dem Jadu-Geborenen,
Dem spielenden Herzenserkorenen.

26.
Den Schmuck der Brüste rüste zu, laß Farb' auf Wangen
prangen!
Lind um die Lende leg den Gurt, den Kranz am Haarnetz
kräusle!
Schling um die Hand die Spangenschlang', am Fuße fest
die Fessel! –
So angewiesen, jedes tat gewandt der Gelbgewand'ge.

ANMERKUNGEN

I. ZU DEN ÜBERSETZUNGEN AUS DEN KUNSTEPEN[1]

Kalidasa

Kalidasa, der größte berühmteste und auch in Europa bekannteste Dichter Indiens, blühte, wie als gesichert gelten darf, im 5. Jahrhundert unserer Zeitrechnung. Der indischen Überlieferung zufolge lebte er am Hofe des sagenumwobenen Königs Wikramaditja von Udschain. Für die Hindus ist dieser Herrscher identisch mit einem Radscha Wikramaditja, nach welchem eine noch heute viel gebräuchliche Ära genannt wird, die im Jahre 58 v. Chr. beginnt. Im Anschluß an diese Tradition verlegten daher früher auch europäische Gelehrte die Lebenszeit des großen Dichters in das 1. Jahrh. v. Chr. Seit längerer Zeit ist diese Anschauung jedoch als irrig erwiesen; in Wahrheit wirkte Kalidasa vielmehr wohl am Hofe eines der Könige der Gupta-Dynastie, welche mehrere Jahrhunderte später in Udschain residierten. Daß er viel jünger ist als die Sanskritforscher der ersten Hälfte des 19. Jahrh., und mit ihnen auch Rückert, glaubten, läßt sich auch durch sprachliche und ästhetisch-stilistische Argumente erweisen; die Kunst des Kalidasa setzt voraus, daß die Poetik zu seiner Zeit bereits einen hohen Stand erreicht hatte; er kann daher nicht die indische Kunst-

[1] Die von Rückert stammenden Erläuterungen sind durch Anführungszeichen (»«) gekennzeichnet, die übrigen rühren von mir her.
H. v. G.

dichtung eröffnet, sondern muß zu einer Zeit geschrieben haben, wo diese bereits in hoher Blüte stand.
Über die Lebensumstände Kalidasas sind wir nur wenig unterrichtet; das, was die Überlieferung von ihm zu berichten weiß, trägt durchaus den Charakter des Sagenhaften. Angeblich entstammte er einer Brahmanenfamilie, verlor seine Eltern jedoch bereits kurz nach seiner Geburt und wurde von einem Hirten, der sich seiner annahm, erzogen. Infolge dieses Umstandes erhielt er keine höhere Erziehung und galt allgemein als Sudra, als Angehöriger der verachteten vierten Kaste. Als er, zum Jüngling herangewachsen, einmal mit einer Kuhherde von dem Minister eines Königs gesehen wurde, fiel er diesem durch seine große Schönheit auf. Dieser Minister war von seinem Herrn beauftragt worden, für dessen Tochter Wasanti, die bisher jeden Freier ausgeschlagen hatte, einen passenden Gemahl zu suchen. In der Annahme, daß der schöne Jüngling vielleicht der Prinzessin gefallen werde, ließ er ihn als Brahmanen kleiden und brachte ihn an den Hof, wo dann der ungebildete Hirte in einer geschickt arrangierten Disputation als großer Gelehrter auftrat und die Hand der Königstochter errang. Nach der Heirat merkte die feingebildete Prinzessin natürlich, was es mit ihrem Gatten für eine Bewandtnis hatte. Da ließ die Schirmgottheit Wasantis, die furchtbare Kali, dem unglücklichen Jüngling durch ein Wunder plötzlich Gelehrsamkeit und Dichtergabe zuteil werden und machte ihn dadurch seiner Gattin ebenbürtig. Kalidasa, der den Wandel, der sich an ihm vollzogen hatte, seiner Frau zuschrieb, erklärte ihr, er könne sie hinfort nur als seine Lehrerin und seine Mutter betrach-

ten und deshalb auch nur dementsprechend behandeln. Hierüber wurde Wasanti sehr zornig, sie verstieß ihn und sprach den Fluch über ihn aus, daß er von der Hand eines Weibes sterben werde. Der Dichter trennte sich darauf von seiner Gemahlin und genoß in Gesellschaft von schönen Frauen die Liebesfreuden, die er in seinen Werken mit so großer dichterischer Kraft geschildert hat. Der Fluch der Prinzessin aber ging buchstäblich an ihm in Erfüllung. Ein König schrieb einst an die Wand des Hauses einer Kurtisane, die er besucht hatte, den Spruch:

»Auf einem Lotus blüht ein Lotuspaar;
Man hört es sagen, doch man sieht es nicht«

und setzte eine hohe Belohnung für denjenigen aus, der diesen Vers vervollständigen könnte. Kalidasa ergänzte daraufhin die Strophe, indem er darunterschrieb:

»Zwei Lotusblumen blühn, wie wunderbar!
Mein Kind, auf deinem Lotusangesicht.«

Die Hetäre, welche die Belohnung für sich einstreichen wollte, ermordete daraufhin aus Habgier den Dichter und gab sich selbst als Verfasserin der zweiten Hälfte der Strophe aus. Der Betrug wurde jedoch bald entdeckt, und als der Leichnam Kalidasas, den seine Mörderin vergeblich verborgen hatte, feierlich verbrannt wurde, da stürzte sich der König mit fünf seiner Frauen in die Gluten des Scheiterhaufens, untröstlich über den tragischen Tod des gottbegnadeten Poeten[1]. –

[1] Vgl. hierzu *Ravaji Vasudeva Tulla*, »Traditionary Account of Kalidasa« (Ind. Antiquary, VII, 1878, S. 115 ff.).
Einen für weitere Kreise bestimmten Versuch zur literarischen Würdigung des Dichters gibt Alfred Hildebrandt in seinem schönen Buche

Kalidasa ist der Verfasser der Dramen »Sakuntala«, »Urvasi« und »Malavika und Agnimitra«, des kurzen lyrischen Gedichtes »Meghaduta« (»Der Wolkenbote«) und der beiden Kunstepen »Kumarasambhawa« (»Die Geburt des Kriegsgottes«) und »Raghuwansa« (»Das Geschlecht des Raghu«). Neben diesen Werken werden ihm noch eine Reihe anderer zugeschrieben, die jedoch auf Grund innerer Indizien anderen Autoren zuzuweisen sind.

1. Adscha und Indumati

Kalidasas Raghuwansa behandelt in 19 Gesängen die Schicksale der Helden aus dem Geschlecht der Sonnenkönige von Ajodhja, die Geschichte der Raghu, seiner Vorfahren und Nachkommen. Die Gesänge 5–8 schildern, wie Raghus Sohn, Adscha, um die schöne Indu-

»Kalidasa« (Breslau 1921). – Kalidasas Dramen sind wiederholt ins Deutsche übertragen worden. Die »Sakuntala« übersetzte *F. Rückert* (nach seinem Tode herausgegeben von seinem Sohn Heinrich Rückert in »Aus Friedrich Rückerts Nachlaß«, Leipzig 1867; einzelne Stellen in wesentlich abweichender Form hatte Rückert selbst bereits in dem [Berliner] Jahrbuch für wiss. Kritik 1834, Bd. 1, Juni, Nr. 102, 103 veröffentlicht), später u. a. *L. Fritze* (Chemnitz 1877) und *H. C. Kellner* (Leipzig 1890, in Reclams Universal-Bibliothek). – Von Kalidasas »Urvasi« hatte Rückert Bruchstücke verdeutscht in seiner ausführlichen Rezension von »Urvasia, Fabula Calidasi, Ed. Rob. Lenz, Berl. 1833« im (Berliner) Jahrbuch für wissensch. Kritik 1834, Juni, Bd. 1, Nr. 116–118 (S. 971–1006). Eine vollständige poetische Übersetzung gab *L. Fritze* (Leipzig 1880, Reclam). – Der »Wolkenbote« ist übersetzt worden u. a. von *Max Müller* (Königsberg 1847) und *L. Fritze* (Chemnitz 1879). – Über die Übertragungen der beiden Kunstepen vgl. unten.

mati warb, wie er mit ihr Hochzeit feierte, das Glück der Liebe genoß und wie sie ihm in tragischer Weise entrissen wurde. Die von Rückert übersetzten Strophen 32–94 des 8. Gesanges geben den hochpoetischen Schluß dieser romantischen Liebesgeschichte[1].

Am 5. Januar 1833 schrieb Rückert an den Grafen August v. Platen: »Ich selbst, einmal des Reimens überdrüssig, und mich nicht berufen fühlend in antiken Maßen Ihnen nachzuschreiten, sinne auf andere reimlose Weisen, mit Anwendung sanskritischer Muster. Wenn Sie wollen, so schicke ich Ihnen eine fürs Morgenblatt bestimmt gewesene Probe: König Adscha und Indumati, ein romantisches Idyll, Episode aus Kalidasas epischem Gedicht Raghuwansa.«

Die hier erwähnte Dichtung wurde unter dem Titel »Ajas und Indumati, eine idyllische Romanze aus dem Sanskrit, Episode aus dem achten Buche des neulich von Stenzler herausgegebenen Raghuvansa, eines epischen Gedichts von Kâlidâsa, übersetzt« im Morgenblatt für gebildete Stände 1833, Nr. 40/41 veröffentlicht. Rückert schickte seiner Übertragung die im Text vorangestellten kurzen Bemerkungen voraus und fügte noch hinzu: »Die Übersetzung ist möglichst wortgetreu. Die Verszählung der Urschrift ist beibehalten; die in der

1 Eine vollständige Übertragung von Kalidasas Kunstgedicht in deutsche Prosa gab *Otto Walter*, »Raghuvamscha oder Raghus Stamm«, München-Leipzig 1914, eine poetische Nachbildung (in Auswahl) Graf Adolf Friedrich v. *Schack* in »Orient und Okzident«, Bd. 3, Stuttgart 1890. Eine poetische Übertragung der Strophen 1–31 des 1. Gesanges versuchte auch *E. Leumann* in der Festschrift für E. Windisch (Leipzig 1914), Seite 43–51.

Reihe fehlenden Zahlen, wie 35, 42 usw., sind absichtlich übergangene, überflüssige oder störende.«

Erläuterungen zu den einzelnen Strophen

32. Indra ist der König der niederen Götter, der in seinem himmlischen Park Nandana mit seiner Gattin Satschi lebt.

33. »Narada, gleichsam ein bärtiger Hermes, Götterbote und Erfinder der Laute, auf welcher er jetzt dem Siva vorzuspielen geht, da dieser seinen gewöhnlichen Sitz auf den Nordbergen mit einem Lustaufenthalt am Südmeer vertauscht hat, was wohl jährlich zu einer gewissen Zeit zu geschehen pflegt.« – Gokarna ist ein dem Siva heiliger Wallfahrtsort im Süden.

37. »Die nachtblühende Wasserlilie, die sich nur am Lichte des Mondes erschließt.«

53. »Die Erscheinung des nächtlichen Glanzausstrahlens gewisser Jahrespflanzen wird häufig von den indischen Dichtern erwähnt und dann immer, wie hier, an das nördliche Schneegebirge versetzt.«

57. »Der mit Gold und Gestein besetzte, im Gehen klingende Gürtel.«

58. »Der weibliche Kokila, die dortige Nachtigall, hier, wie gewöhnlich, Anjabhrita genannt, d. h. die von andern genährte, im fremden Nest auferzogene.«

61. 63. Der Asokabaum (Jonesia Asoka) blüht, wenn ihn ein Frauenfuß, der Wakula (Mimusops Elengi), wenn ihn Frauenodem berührt. Dieser phantasievolle Glaube kommt oft in indischen Dichtungen zum Ausdruck. Rückert selbst hat diese Anschauungen poetisch verherr-

licht in einem Gedicht, das er (in dem oben genannten Briefe) an den Grafen August v. Platen sandte und das dann zuerst im »Deutschen Musenalmanach für 1834« S. 43 gedruckt worden ist. Das Gedicht lautet:

Die indischen Blumen

In Ostindien manche Blume
Läßt zu reiner Frauen Ruhme
Sprossen die beglückte Flur;
Eine blühet hoch am Baume,
Wenn des Stammes unterm Raume
Nahten Frauentritte nur.

Eine andre wie vom Blitze
Wird entzündet, wenn die Spitze
Rührt des Zweigs die Frauenhand;
Eine dritte schwillt am Strauche,
Der die duftig feuchten Hauche
Eines Frauenmunds empfand.

Aber eine vierte blühet,
Ohne daß die Sonne glühet,
Wo ein Frauenauge lacht;
Diese ist die allerfeinste,
Weil sie schuf die allerreinste
Liebesäthersonnenmacht.

69. Kosala, Name der Stadt Ajodha, über welche Adscha herrscht.
75. Muni (eigentlich ein Asket, der das Gelübde des

Schweigens abgelegt hat), ein Weiser, heiliger Seher.

78–81. »Hari, d. i. Wischnu, sendet eine der himmlischen Nymphen, namens Harini, um mit ihren Reizen den frommen Büßer Trinawindu zu verlocken, damit dieser nicht durch Büßungen Götterwürde erringe, was die beständige Furcht der Götter vor solchen Heiligen ist. Dieser nun verwünscht die Störerin seiner Andacht, und zwar zuerst unbestimmt, dann, auf ihre Vorstellungen, daß sie ja nicht aus eigenem Willen, sondern auf Befehl der Götter handle, fügt er als Bedingung ihrer Wiedererlösung das Erblicken von Himmelsblumen hinzu, und das sind denn die von Naradas Laute fallenden, V. 54.« – Rückert irrt, wenn er hier Hari mit Wischnu gleichsetzt. An dieser Stelle ist Hari vielmehr, wie sich aus Mallinathas Kommentar zu Vers 79 ergibt, ein Name Gottes Indra.

86. Zu diesem Verse schreibt Mallinatha in seinem Kommentar: »Jagnjavalkja sagt (in seinem Gesetzbuch): Weil der Verstorbene gegen seinen Wunsch den Tränenschleim, den die Verwandten von sich geben, genießen muß, soll man nicht weinen, sondern nach Kräften das Werk tun.«

90. »Von hier an wechselt das bisher gleichmäßige Versmaß des Originals, wie gewöhnlich gegen das Ende eines Gesanges geschieht.«

94. »Saraju, der Fluß bei der königlichen Hauptstadt Ajodha, der nicht weit davon in die Gangâ, den Ganges, fällt. Ein solcher Zusammenfluß ist ein heiliger Ort, an welchem zu sterben unmittelbar selig macht.«

2. *Der Wonne Wehklage*

Kalidasa's »Kumara-sambhawa« behandelt, wie sein Name besagt, die mit der Geburt des Kriegsgottes Kumara in Zusammenhang stehenden Ereignisse. Von dem ganzen Kunstepos sind siebzehn Gesänge auf uns gekommen; von diesen gelten jedoch nur die ersten acht als von Kalidasa verfaßt, wie aus inneren Merkmalen sowie aus der Tatsache geschlossen wird, daß nur sie von dem hervorragenden Kommentator Mallinatha (15. Jh. n. Chr.) kommentiert worden sind. Die Echtheit des 8. Gesanges, die von Stenzler und ihm folgend, von Rückert bezweifelt wurde, wird heute von den meisten Gelehrten nicht mehr bestritten.

Den wesentlichen Inhalt der Gesänge 1–3 hat Rückert in seiner oben wiedergegebenen Einleitung zu seiner Übersetzung des 4. Gesanges kurz zusammengefaßt; es genügt daher an dieser Stelle, mit wenigen Worten auf den Inhalt der Gesänge 5–8 einzugehen: Als Siwa in Parwatis Gegenwart den Liebesgott verbrannt hatte, begab sich Parwati in den Wald und kasteite sich, um durch die Macht ihrer Askese sich Siwa als Gatten zu gewinnen. Ihren Bemühungen blieb der Erfolg nicht versagt; Siwa, gerührt von ihrer Frömmigkeit und in Liebe entbrannt durch den Pfeilschuß Kamas, freite um sie und feierte mit ihr prunkvolle Hochzeit. Bei dieser festlichen Gelegenheit erhielt der Liebesgott auf Bitten der anderen Götter seinen Leib wieder und wurde von Siwa ermächtigt, ungestraft seine Liebespfeile auf ihn abzusenden. Der letzte, achte, Gesang schildert dann das Liebesglück, das Siwa in den Armen seiner jungen Gattin fand. (Die

unechten Gesänge 9–17 berichten weiterhin, wie der Kriegsgott Kumara der Verbindung von Siwa und Parwati entsproß und wie er als Oberfeldherr der Götter die Dämonen und ihren Fürsten Taraka besiegte.)[1]
Am 8. September 1832 schrieb Rückert an Franz Bopp von Koburg aus: »Da ich einen Teil Ihrer kostbaren Drucke Ihnen wieder abliefere, gelüstet mich's zu fragen, ob Sie nicht noch irgend etwas dergleichen haben, das Sie jetzt eben nicht lesen, und ich verschlingen würde. Besonders, um die erotische Sprache des Amaru recht gründlich zu handhaben, möchte ich noch manches, worin ich irgend etwas dazu Gehörendes vermute, ausbrüten, wie z.B. Kumara-sambhawa, von dem ich freilich jetzt nicht einmal weiß, ob er gedruckt ist.«
Im Jahre 1838 erschien dann die Ausgabe des Kumara-sambhawa von A. Fr. Stenzler, aus welcher Rückert den 4. Gesang, betitelt »Der Wonne Wehklage« übersetzt hat. Seine Übertragung erschien im »Album des deutschen Vereins zur Unterstützung der Hinterlassenen verdienter Künstler. Herausgegeben vom Central-Ausschusse. Würzburg 1858.« Seite 242 bis 250.

Erläuterungen zu den einzelnen Strophen

15. Rückert schreibt, hier wie auch sonst, »Senne« statt »Sehne«.

[1] Eine deutsche Prosaübersetzung der Gesänge 1–8 des »Kumara-sambhava« gab *Otto Walter*: »Der Kumara-sambhava oder die Geburt des Kriegsgottes, ein Kunstgedicht des Kalidasa«, München-Leipzig 1913, eine solche der Gesänge 3–5 Hannah Neckel, Festschrift für A. Hillebrandt, Halle 1913.

17. »Gedenker, Smara, einer der Namen des Liebesgottes.«
20. »Auf Schmetterlingswegen = durch Flammentod.«
25. Wasanta, »der Frühling« (bei Rückert auch »der Lenz«, »der Mai«), ist der Freund und ständige Begleiter des Liebesgottes.
35. Über die indische Sitte der Witwenverbrennung vgl. M. Winternitz, »Die Frau in den indischen Religionen« (Leipzig 1920), S. 55 ff.
38. Amra ist der indische Name des Mango.
»41 und 43 sind hier übergangen, weil darin ein neues Motiv von Kamas Verbrennung eingeflochten wird, ohne Not, ja ohne rechte Schicklichkeit für das Ganze, jedenfalls aber für diesen Auszug unbrauchbar. Die Einleitung dazu enthält die zweite Hälfte von Vers 40, die im Text so lautet:
Vernimm, warum er ward zum Schmetterling usw.«
Das Motiv, von welchem Rückert hier spricht, ist folgendes: Vom Liebesgott erregt, war früher einmal der Gott Brahma in Liebe zu seiner Tochter entbrannt, vermochte seine Begierde jedoch zu beherrschen. Zur Strafe sprach Brahma über den Liebesgott den Fluch aus, daß er von Siwa verbrannt werden würde, fügte dieser Verwünschung dann aber auf Bitten Dharmas, des Gottes der Gerechtigkeit, das in Vers 42 Gesagte hinzu.

3. König Nala's Frühlingshofhalt

Die anmutige Erzählung von Nala und Damajanti, eine der schönsten Episoden des indischen Nationalepos Mahabharata, erfreute sich von jeher in Indien größter Beliebtheit. Der Inhalt dieser Geschichte ist in den Hauptzügen folgender: Nala, König der Nischadhas, und Damajanti, die Tochter des Königs der Widarbhas, hatten von früher Jugend an so viel von ihren gegenseitigen Vorzügen gehört, daß sie einander liebten, ohne sich gesehen zu haben. Als dann Damajanti nach altindischem Brauch feierlich ihren Gatten sich selbst wählen sollte, erkor sie sich Nala zum Gemahl, obwohl auch mächtige Götter um sie gefreit hatten. Nach der Heirat lebte das junge Paar glücklich, bis eines Tages der böse Spieldämon Kali, die Personifikation des gegenwärtigen bösen Zeitalters, der auch um Damajantis Hand hatte anhalten wollen, aber zu spät gekommen war, eine Gelegenheit fand, um sich an Nala zu rächen. Er veranlaßte Nala dazu, mit seinem Bruder Puschkara zu spielen und an ihn sein ganzes Hab und Gut zu verlieren. Nala zog darauf mit seiner Gattin in den Wald; hier verließ er, vom bösen Geiste getrieben, treulos die schlummernde Königstochter. Während Damajanti, tiefbekümmert, nach langen Irrfahrten nach Tschedi kam und dort unerkannt in die Dienste der dortigen Fürstin trat, traf Nala auf seiner Wanderung auf einen Schlangendämon, der von einem Seher verflucht war, und erlöste diesen. Durch den Biß der Schlange wurde er zwar äußerlich unkenntlich, doch peinigte das Gift nicht ihn selbst, sondern nur den in ihn gefahrenen Kali. Nala trat dann als Wagenlenker in die

Dienste des Königs Rituparna, um von diesem die Würfelkunde gegen seine Pferdekunde einzutauschen. Inzwischen war Damajanti von ihren Eltern gefunden worden und zu diesen zurückgekehrt. Sie ließ nun ihrerseits Nala suchen, und da eine Spur auf den Rosselenker des Königs Rituparna hinwies, ließ Damajanti diesen einladen, zu ihrer zweiten Gattenwahl zu ihr zu kommen. Rituparna machte sich mit seinem Wagenlenker zu ihr auf den Weg; unterwegs erlernte Nala von ihm die Würfelkunst, worauf Kali von ihm wich. In der Widarbha-Hauptstadt erkannte Damajanti an verschiedenen Anzeichen, daß der mißgestaltete Wagenlenker ihr Gatte sei, dieser gab sich als Nala zu erkennen und nahm wieder seine eigene Gestalt an. Noch einmal spielte er mit Puschkara, besiegte diesen mit Hilfe der von Rituparna erlernten Würfelkunde und gewann so sein Reich zurück. Mit Damajanti vereint herrschte Nala hinfort, von seinen Untertanen hochgeehrt, noch lange über sein Reich.

Der Stoff der Nala-Legende ist von indischen Schriftstellern wiederholt dichterisch bearbeitet worden. In der überkünstelten Form des späten Kawja-Stiles wird die Nala-Geschichte behandelt in dem »Nalodaja«, einem Kunstgedicht in vier Gesängen, in welchem sein Verfasser durch die Verwendung von schwierigen Metren, durch Reimgeklingel und Alliterationen seine Virtuosität in der Handhabung der Sanskritsprache zu zeigen bemüht ist. Das ganze Werk ist so künstlich, daß, um mit Rückert zu reden, »eine Iliade in Sonette umzudichten dagegen ein Kinderspiel wäre«. Während sich die Handlung des »Nalodaja« im ersten und in den beiden letzten Gesängen ziemlich genau an die der Mahabharata-Erzählung anschließt, ist der zweite Gesang ganz episodisch; er hat zum Gegenstand eine Darstellung des Liebesglücks der Neuvermählten. »Dieses schildert aber der Dichter nicht geradezu, sondern, der lyrischen Form gemäß, und zur Erleichterung der schweren Reimart, die mit dem Allgemeinen besser als mit dem Besonderen auskommt, dadurch, daß er eine Reihe von Frühlingsbildern und allgemeinen erotischen Szenen entwickelt, worin einzelne Personen, Pärchen und Gruppen, in allerlei nur angedeuteten Verhältnissen flüchtig wie Schattenbilder vorübergehen. Dazwischen sieht man hin und wieder auch Nala und Damajanti in Gärten und an Seen wandeln, und ihre Herzenszustände werden durch ein Wort bezeichnet, das der Dichter, oder das sie selber sagen, ohne daß sie aus der übrigen Menge allgemeiner Gestalten besonders hervortreten. Sie verschwinden gleich den übrigen, unvermerkt, wie sie gekommen, doch können all die übrigen Paare und Gruppen als der Frühlingshofstaat des königlichen Liebespaares betrachtet werden, dessen Liebe durch die Liebesszenen von jenen zurückgespiegelt und versteckt zugleich wird.« Diesen zweiten Gesang erkor sich Rückert für eine deutsche Nachbildung, über deren Grundsätze und Verdienste er sich folgendermaßen äußerte:

»Von den vier Gesängen des Gedichtes ist der zweite derjenige, worin die Mühseligkeit der Reimkunst am wenigsten nachteilig wirkt. Sie hat da nicht mit Erzählung von Begebenheiten zu kämpfen, die schon jedem lyrischen Maße so schwer werden; sondern es ist die Beschreibung eines Frühlingstags, wie ihn der neuvermählte Nala mit seinem Hofstaat zubringt, eine Reihe einzelner Bildchen, deren lyrisch-willkürliche Züge sich leicht auch der eigensinnigsten Form bequemen können. Ich will hier davon eine Nachbildung mitteilen, mit notgedrungener Aufgebung der sanskritischen Reimweise, die nur hier und da von fern angedeutet werden konnte. Es ist dadurch gleichsam der poetische Gehalt aus der rätselhaften Schale, worin diesen der indische Dichter seinen geduldigen Lesern darbietet, für unsere ungeduldigen herausgewickelt. Manches einzelne mag etwas leer erscheinen, weil dessen Füllung eben nur die, hier verschwindende, Reimkunst war; im ganzen aber wird man eine blühende Phantasie und eine gefällige Zusammenwirkung des Zerstreuten zu einem Gesamteindrucke nicht verkennen.«

Die indische Tradition bezeichnet als Verfasser des »Nalodaja« den berühmten Kalidasa. Auch Rückert schien es nicht für unmöglich zu halten, daß der Verfasser des »Meghaduta« auch der des »Nalodaja« sein könne. Der Verschiedenheit des Stils legt er kein negatives Gewicht bei, denn in einem Briefe an den Privatdozenten Benary schreibt er: »Es bestehen in der Kunstzeit der Sanskritpoesie vielerlei Stile nebeneinander, und deren Verschiedenheit beweist nichts für die Verschiedenheit der Dichter. Vergleichen Sie etwa ›Hans Sachsens poetische Sendung‹ von Goethe und dessen Iphigenie etc.« Die neuere Forschung hat sich diese Argumentation nicht zu eigen gemacht; sie hält es vielmehr für ausgeschlossen, daß der »Nalodaja« ein Werk Kalidasas sei und sieht vielmehr in ihm das Erzeugnis einer viel späteren Zeit. Während Graf Schack meinte, der Nalodaja habe »wahrscheinlich nicht den Verfasser der Sakuntala, sondern einen anderen gleichnamigen Dichter zum Urheber«, bezeichnete Richard Pischel als den Autor einen Rawidewa, Sohn des Narajana[1].

Im Jahre 1830 erschien in Berlin »Nalodaya[2]: Sanscritum carmen... edidit, latina, interpretatione atque annotationibus criticis instruxit Ferdinandus Benary«. Dieses Buch, das ihm von seinem Herausgeber, derzeit Privatdozenten an der Berliner Universität, zugesandt wurde, fand Rückerts Beifall, wie aus einem von ihm an Benary gerichteten Schreiben sowie aus einem Briefe an Franz Bopp hervorgeht, in welchem er am 12. August 1830 sagte:

»Von dieser Arbeit Ihres Schülers, zu dem ich Ihnen Glück wünsche, bin ich höchlich erfreut und überrascht worden; alle meine Erwartungen sind übertroffen, nur an der Kürze der Anmerkungen und an der Unverständlichkeit des Lateins habe ich hinwieder Anstoß genommen. Aber wie soll man dergleichen auch in anständiges Latein übersetzen? Kaum das Deutsche kann einigermaßen nachkommen... Den Nalodaya werde ich gern in den Jahrbüchern anzeigen, wenn man mir den Auftrag dazu gibt, und einige Ausführlichkeit erlaubt. Ich habe den zweiten Gesang, der für sich besteht, in deutsche Reime gebracht, die ich bei der Gelegenheit anbringen möchte.«

[1] Nach einer brieflichen Mitteilung von Herrn Prof. *Richard Schmidt* in Münster. Vgl. den »Katalog der Bibliothek der Deutschen Morgenländischen Gesellschaft« (2. Aufl., Leipzig 1900), Bd. I, S. 310 und *Richard Schmidt*, »Das alte und moderne Indien« (Bonn 1919), S. 142.

[2] Der Nalodaja ist vollständig in poetischer Form in deutscher Sprache nachgebildet worden von Graf Adolf Friedrich *v. Schack* in seinen »Stimmen vom Ganges« (Stuttgart 1877).

Rückerts Rezension erschien im Januar 1831 in den »Jahrbüchern für wissenschaftliche Kritik« Nr. 1–4, Sp. 1–27. Rückert lobt dort das Werk sehr und spricht am Schluß die Hoffnung aus: »Möge Herr Benary, der guten Vorbedeutung seines Namens gemäß, uns noch recht viele Neuigkeiten aus dem alten Benares mit so viel Einsicht und Bündigkeit wie diese erste, bringen!« Zugleich mit dieser Rezension veröffentlichte Rückert die oben S. 66ff. mitgeteilte Übertragung des zweiten Gesanges.

Erläuterungen zu den einzelnen Strophen

Mehreren Strophen seiner Übersetzung hat Rückert erklärende Bemerkungen beigefügt, die hier im folgenden wiedergegeben werden. Vielfach gibt Rückert bei dieser Gelegenheit auch Übertragungen von Versen aus dem Kiratardschunija und Amaru-sataka, welche ähnliche Gedanken zum Ausdruck bringen. Da diese als Parallelen herangezogenen Strophen in der vorliegenden Ausgabe oben im Text, Seite 69ff. und Seite 76ff. mitgeteilt worden sind, genügen hier kurze Hinweise.

3. »Es ist hier die Nymphäe gemeint, die sich nachts ins Wasser senkt und mit dem Tage sich wieder erhebt. Die Scholien erklären: die Nymphäe hat sich niedergeschmiegt aus Scham darüber, daß sie sich vom lüsternen Mond hat berühren lassen und aus Furcht vor dem Zorn ihres rechtmäßigen Geliebten. Doch dieser großmütige Geliebte (die Sonne im Sanskrit, wofür ich den Morgen gesetzt), richtet sie wieder auf, ihren Fehltritt verzeihend. Dieser Großmut nun trösten sich die buhlerischen Bienen. – Der Nebenbezug auf die glänzenden Reisähren

ist wohl auch nicht so müßig als er scheint; es ist ein Reisfeld gemeint, das unter Wasser steht, worin die Nymphäe wächst. Dergleichen schildert sehr zierlich Kirat. IV, 26, 27, 34.«

11. »Die Scholien: ›Jetzt, zur Zeit der Liebeslust, wird der Entfernte gewiß zu mir zurückkehren‹; in dieser frohen Aussicht trinkt sie Likör (was, beiläufig gesagt, die Schönen bei den indischen Dichtern durchweg tun; vgl. 55–57). Oder auch: ›Er ist gewiß gestorben, sonst müßte er jetzt zurückgekommen sein‹; so trinkt sie Lippen-Nektar, tröstet sich an den Küssen eines andern.«

14. »d.i. *Hader,* im Sanskrit *kalaha*, ebenso silbenweise beigebracht, oder vielmehr buchstabenweise, weil ka usw. dort nur ein Buchstabe ist.«

16. »Schol. Der bienenschwarm-umwölkte Himmel entzündet (besser: verwirret) die Verliebten, daß sie zur *Unzeit* die Liebeszusammenkunft mit der Geliebten suchen. D.i. (wie ich glaube) schon am hellen Tage, da sie wegen der Bienen-Umdunkelung bereits die Nacht eingetreten glauben. Nur, daß so die unschuldige Hyperbel zu sehr betont wird.«

22. Mandara: der Korallenbaum, Erythrina indica.

33. »Ihr ist – oder sie tut als sei ihr – Blütenstaub, während sie nach den Bäumen emporblickt, ins Auge gefallen, den ihr nun der Freund herausblasen soll. Die Scholien sagen das ebensowenig mit bestimmten Worten als die Dichter selbst; beide scheinen die Situation als eine bekannte vorauszusetzen. Ähnlich ist Amaru 39. Auch hier ist bloß angedeutet; vollkommen deutlich aber Kirat. VIII, 19.«

36. »Ein Fußtritt der Art ist ein sehr gewöhnliches ener-

gisches Liebeszeichen, wie bei den persischen, so den indischen Dichtern. Amaru 40.«

44. »Den Nymphäentanz erwähnt Kirat. V, 32. Übrigens hat der Gang unseres Stückes die größte Ähnlichkeit mit Kirat. VIII und IX.«

48. »Der Lotos hat am Abend seine Röte verloren; die Sonne hat nun die Röte, im Abendrot; sie hat sie also jenem gestohlen. (Es ist dieses der am Abend verblühende Lotos Vers 1, dagegen ein anderer nachts am Mondenstrahl aufblühender Vers 53.) Auch darauf finden sich zahlreiche zierliche Anspielungen in Kirat., z. B. IX, 16.«

51. »Der Mond als silberne Schale zum Spendopfer Kama's, des Liebesgottes; eigentlich zur Salbung oder Königsweihe desselben als Universalmonarchen. Ebenso Kirat. IX, 32.«

57. »Von Bienen umschwärmt; wörtlich: von den Bienen verlassen; nämlich weil sie scheucht, wer trinken will. Die in der indischen Poesie überall summenden und schwärmenden, hundertnamigen Bienen (wir haben nur noch Immen und die unbrauchbaren Hummeln) sitzen hier auf den Trinkgläsern wie bei uns die Fliegen. Ich wundere mich noch nichts von Schmetterlingen gefunden zu haben. Sonst spielt, vom Käfergeschlecht, eine Coccinelle, der *Indra-Hirte*, eine Rolle. Kirat. X, 3.«

58. »Die Leute kratzen und beißen sich immer, wenn sie einander liebhaben. Vgl. Kirat. IX, 49: Hier ist's aber eigentlich nicht so, wie meine Übersetzung es zeigt, daß die Nagelspuren jetzt erst beim eilfertigen Entkleiden und dem etwa damit verbundenen Kampf erfolgen: sie sind im Original vielmehr ein Epitheton ornans des

Leibes selbst, als dessen eigenster unveräußerlicher Schmuck, der ihm bleibt, wenn der äußere genommen wird, verborgene, nun sichtbar werdende Liebeszeichen vom Freunde, die besonders den Neid der Nebenbuhlerin erregen. So ist's in der zu 44 mitgeteilten Strophe 41, wo statt ›der schöne Leib‹ der genarbte Leib zu setzen, im Urtext: der Leib mit Nagelspuren-Schmuckglanz.«

61. Srı ist die Göttin der Schönheit und des Glückes.

63. Kali, eig. Personifikation des gegenwärtigen schlechten Weltalters ist der Würfeldämon, der Nala ins Unglück stürzte.

64. Kuwera, der Gott des Reichtums.

4. Aus dem Kiratardschunija des Bharawi

Der Dichter Bharawi, der im 6., vielleicht noch dem Anfange des 7. nachchristlichen Jahrhunderts lebte, behandelte in seinem »Kiratardschunija« (»Der Kampf des Kirata mit Ardschuna«) eine Sage aus dem großen Heldenepos Mahabharata, deren Inhalt kurz folgender ist: Die fünf Pandu-Prinzen waren von ihren Vettern, den Kurus, mit List und Gewalt ihres väterlichen Reiches beraubt worden und hatten sich verpflichten müssen, zwölf Jahre in der Verbannung zu leben. Sie halten dieses Versprechen, überlegen aber, wie sie sich nach Ablauf dieser Zeit in den Besitz ihres rechtmäßigen Erbes setzen können. Da ihre Widersacher sehr stark sind und mächtige Bundesgenossen haben, rät ihnen der Seher Wjasa, einer von ihnen, Ardschuna, solle zum Gotte Indra gehen und sich von diesem himmlische, unüberwindliche Waffen geben lassen. Ardschuna wandert daraufhin zum Himalaja, trifft Indra und bittet ihn um die Waffen. Indra verweist ihn darauf an den Gott Siwa, den er durch strenge Bußübungen sich gnädig stimmen soll. Ardschuna tut, wie ihm geboten, und als er sich lange kasteit hat, erscheint ihm Siwa in Gestalt eines Kiraten, eines wilden Bergbewohners. Zwischen dem Gott und dem Helden entspinnt sich ein Streit, der zu einem heftigen Kampfe führt. Schließlich nimmt Siwa seine göttliche Gestalt an, Ardschuna preist ihn durch einen Hymnus und erhält von ihm und anderen Göttern himmlische Waffen, die ihn dann später im Kampf gegen seine Feinde zum Siege führen. Bharawi hat in seinem Kunstgedicht den Stoff, den ihm das Mahabharata lieferte, im großen und ganzen unverändert gelassen, er hat ihn aber durch eine Anzahl von dichterischen Zutaten bereichert. Namentlich die Gesänge 4–11 sind das echte Werk eines Kunstdichters, der entsprechend der Theorie der Poetiker Mond- und Sonnenaufgang, Wasserspiele, Liebesfeste, Trinkgelage und ähnliches zu schildern hat. Rückerts Übertragungen von Strophen aus diesen Gesängen geben daher ein gutes Bild von dem Wesen der indischen Kunstpoesie und sind ohne Kenntnis des Inhaltes des ganzen Werkes durch sich selbst verständlich[1].

Den ästhetischen Wert des Kiratardschunija schätzte

[1] Eine ausführliche Analyse der Kirata-Episode des Mahabharata hat Rückert in den »Jahrbüchern für wissenschaftliche Kritik« Bd. I (1831), Sp. 535 ff., gegeben, woselbst sich auch einzelne Bemerkungen über Bharawi's Werk finden. Vgl. auch ebenda Sp. 13 ff. Die Überschriften zu den von Rückert übersetzten Strophen rühren vom Herausgeber her.

Rückert mit Recht sehr hoch ein; er schrieb darüber: »Der Stil des Gedichtes ist höchste Kunst, noch schwerer von Gedanken als an Worten, eine harmonische Verschmelzung von Epik, Didaktik, Naturschilderung und Lyrik. Nur gegen das Ende hin tritt Verkünstelung ein, und zwar so, daß sie vom Dichter, mit einer gewissen selbstbewußten Freiheit (wie ich dasselbe im Hariri gefunden) zur Charakteristik gebraucht wird. Nämlich Skanda, der Sohn und Heerführer Siwa's, hält eine pathetisch-komische Rede an die siwischen Heerscharen, die sich schmählich von dem einen Ardschuna haben aus dem Felde schlagen lassen, wo er dann zu ihrer Beschämung und Ermutigung allerhand halsbrecherische Redekunststücke aufbietet, als da ist eine Strophe, die sich vor- und rückwärts, ab- und aufwärts, auf gleiche Art lesen läßt; eine andere, die aus der Wiederholung eines einzigen Konsonanten nur mit verschiedenen Vokalen besteht, u. dgl. m.«[1]

Rückerts Beschäftigung mit dem Kiratardschunija geht bis in das Jahr 1829 zurück. Pfingsten dieses Jahres schrieb er an Franz Bopp:

»Die Geschichte des Ardschuna mit dem Kirata Siwa habe ich wirklich, nachdem ich mich nur ein wenig über die Versmaße orientiert hatte, beiseite gelegt.«

[1] Die beiden ersten Gesänge des Kiratardschunija sind von *C. Schütz* (Bielefeld 1845) in deutsche Prosa übertragen worden; eine vollständige deutsche Prosaübertragung gab *Carl Capeller* im 15. Band der Harvard Oriental Series (Cambridge, Massachusetts, 1912). Eine poetische Nachbildung einiger Strophen versuchte *M. Haberlandt* in seinem Buche »Die Hauptliteraturen des Orients« (Leipzig, Sammlung Göschen, 1902), Bd. I, S. 70 ff.

Am 12. August 1830 heißt es dann in einem Briefe an einen Freund:
»Das Kiratardschunija habe ich schon im vorigen Winter vollständig durchgearbeitet, geteilt geschrieben, übersetzt etc. Jetzt hab' ich's noch einmal mit den Scholien revidiert und schrecklich viel an meiner ersten Arbeit zu verbessern gefunden. Es ist so schwer, daß der Nalodaja fast nur ein Spaß dagegen ist. Ich habe so viel Kraft und Zeit daran verwendet (was der Kern davon kaum wert ist), daß ich es nicht umsonst oder für mich allein will getan haben. Da ich nicht sehe, wie und wo ich Sanskrit soll drucken lassen – was sagen Sie dazu, wenn ich es lateinisch täte, wobei ich den hier unschätzbaren Vorteil hätte, auch die Composita zu teilen, und zu interpungieren? Meines Erachtens braucht man keine Sanskritpressen in Europa, da sich die Sprache mit vollkommener Sicherheit lateinisch schreiben läßt.«
Am 8. Sept. 1832 entschuldigt sich Rückert bei Bopp, daß er noch immer das diesem gehörige Exemplar des »in jeder Rücksicht höchst gewichtigen« Kiratardschunija noch nicht zurückgesandt habe, »um es zum letztenmal in bezug auf die in den Scholien enthaltenen grammatischen Formeln auszubeuten«. Am 1. August 1833 lieferte er endlich dem Freunde »das nunmehr ausgebeutete (ob je herauszugebende, weiß ich nicht)« Werk zurück.
Von seiner Übersetzung des Kiratardschunija hat Rükkert nur einzelne Proben veröffentlicht in den Anmerkungen zu seiner Rezension von Benarys Ausgabe des Nalodaja (Jahrbücher für wissenschaftliche Kritik, Januar 1831, Sp. 13–18). Die von ihm übertragenen Stro-

phen sind oben im Text abgedruckt worden. (Rückert benutzte für seine Übersetzung die 1814 in Kalkutta erschienene Ausgabe in Großquart, welche auch den Kommentar des Mallinatha enthält.)

Erläuterungen zu den einzelnen Strophen

4, 26–34. Vgl. oben, Nalodaja, Vers 3.
5, 32. Vgl. oben, Nalodaja, Vers 44.
8, 19. Vgl. oben, Nalodaja, Vers 33.
8, 27–57. Im Anschluß an Nalodaja 44 bemerkt Rückert: »Übrigens hat der Gang unseres Stückes die größte Ähnlichkeit mit Kiratardschunija VIII und IX, wie folgende gedrängte Inhaltsanzeige dieser beiden Gesänge dartun wird. Vorher sind, von Indra zur Verführung des bußübenden Ardschuna aufgerufen, die himmlischen Nymphen, begleitet von ihren musikalischen Freunden, den Gandharven, herabgekommen und haben in der Nähe des Ganga-Flusses ihr glänzendes Lager aufgeschlagen, das geschildert wird. Dann, den Ardschuna einstweilen vergessend, macht die Gesellschaft einen Spaziergang durch den Wald, wobei galante Szenen mit Naturschilderungen wechseln, VIII 1–26. Nun baden sie in der Ganga 27–57. Die Sonne geht unter, Abendbilder, IX, 1–16. Mondaufgang und Nachtgemälde, 17–32. Rückkehr ins Lager, die Schönen rüsten sich zu Liebesabenteuern, einzelne Bildchen, 33–50. Trinkgelag und Niederlage, 51–73. – Es ist nur alles viel ausführlicher als in unserer Episode, und dabei viel bestimmter und individueller, auch in Sinn und Ausdruck um so kunstreicher, da keine so unnatürliche Reimweise beengte. Aus der

Badeszene von VIII, 27 bis 57, will ich zur Vergleichung mit unserer (40–45), einiges in sehr wörtlicher Übersetzung ausheben.« (Es folgt dann die oben im Text gegebene Nachdichtung, an welche Rückert dann noch folgende Bemerkung knüpft:) »Die Ähnlichkeit ist unverkennbar, an Nachahmung aber nicht zu denken. Es sind poetische Gemeinweideplätze von weitestem Umfang; und Eigentümlichkeit, wie wir sie von unseren Dichtern fordern, ist den orientalischen Literaturen ebenso fremd als irgendeiner Volkspoesie.«

Um den Eindruck des Ganzen besser hervortreten zu lassen, hat Carl Cappeller, der Rückerts Übersetzung der Badeszene als Anhang zu seiner Prosaübersetzung des Epos mitteilt, auch die von Rückert ausgelassenen Strophen 34–36, 38, 42, 51, 54–55 metrisch zu übersetzen versucht. Im folgenden sei eine Nachbildung hier mitgeteilt:

34.
Wie Reste der Schminke schimmerten jetzt
Die sonst an den zierlich geschmückten Leibern
Verhüllten Nägelmale, das Herz
Beklemmend minder glücklichen Weibern.

35.
»Sind's ihre Augen mit munterm Blick?
Sind's Bienen, die auf dem Lotos schwimmen?
Ist's ihrer Locken wallende Pracht?
Sind's stumme Schwärme von dunkeln Immen?

36.
Lacht dort mit blinkenden Zähnen ihr Mund?
Erschließt sich dem Tage die Wasserrose?«
So fragten die Frauen, bis sie zuletzt
Im Busch die Freundin erkannten, die lose.

38.
Die Salbe säuberlich aufgedrückt,
Dem Auge die Röte zu vertreiben
Die plätschernden Wogen spülten sie fort;
So muß dem Auge die Glut verbleiben.

42.
Der bräunliche Leib, das volle Gesicht,
Die Perlenschnüre, die glitzernden, hellen,
Erblichen an Glanz vor der Lotospracht
Und den safrangefärbten, schäumenden Wellen.

51.
Die wehrende Hand, die er keck ergriff,
Sie kann der Verliebten nur wenig nützen;
So muß der Gürtel, vom Wasser gestrafft,
Das lockre Gewand vor dem Falle schützen.

54.
Erst nach der andern vom Freunde bespritzt,
Schmollt eine und läßt sich nicht versöhnen.
Es wächst, wo Liebe das Zepter schwingt,
Durch gute Worte der Zorn der Schönen.

55.
So wälzte jetzt, durchplätschert von den Frauen,
Die wohlig sich ergingen in dem Bade,
Der Götterstrom die aufgeregten Wogen
Hochschäumend weithin über das Gestade.

9, 3, 14, 16. Vgl. oben Nalodaja 48. Rückert bemerkt dazu noch: »Schöner [als IX, 16 und IX, 3 (mehr im spielenden persischen Geschmack!)] ist Vers 14, wo das abendliche Verblühen dieser Blume dargestellt wird als Mitgefühl der Trauer um die Vögel der Liebe und Gattentreue, die Tschakrawaken, die jede Nacht, nach der Sage, voneinander getrennt, sich zurufen, ohne einander erreichen zu können. (Es folgt dann die Übersetzung von IX, 14). Eine Anspielung auf diese Doppelfeindschaft der Nacht gegen die verliebten Vögel und die Blumen enthält der Vers VIII, 56, dessen Zierlichkeit nun erst einleuchten wird.«

9, 32. Vgl. oben Nalodaja 51. »Die Lotossprossen (wie unsere Sommersprossen) stellen hier die Flecken des Mondes vor.«

9, 49. Vgl. oben Nalodaja 58.

10, 3. Vgl. oben Nalodaja 57.

II. ZU DEN ÜBERSETZUNGEN AUS DER ZENTURIENPOESIE

1. *Amaru*

Das Amaru-Sataka ist eine Sammlung von etwas über 100 erotischen Strophen, die sicher vor dem 9. Jahrh. unserer Zeitrechnung entstanden sind[1]. Ob die einzelnen Gedichte, welche das Werk enthält, wirklich alle *einen* Verfasser haben, muß als ungewiß gelten, um so mehr, da die verschiedenen Fassungen, in welchen es auf uns gekommen ist, ihrem Inhalt nach vielfach voneinander abweichen; sicher ist, daß manche der in der einen oder anderen Rezension figurierenden Strophen spätere Zusätze sind. Die indische Tradition bezeichnet als den Verfasser dieser »Zenturie von Liebesliedern« den Dichter Amaru (Amaruka), von welchem mancherlei Sagenhaftes erzählt wird. Eine weitverbreitete Überlieferung weiß folgendes zu berichten: Um die Wende des 8. und 9. Jahrh. n. Chr. durchzog der berühmte Philosoph Sankara Indien, um die brahmanische Religion zu reformieren und die ketzerische Lehre der Buddhisten zu be-

[1] Der Poetiker Anandawardhana, der am Hofe des Königs Awantiwarman von Kaschmir (856–883) n. Chr. lebte, spricht bereits von Amaru als einem hochangesehenen und berühmten Dichter und sagt von seinen Einzelstrophen, daß sie »von erotischer Stimmung getragen, gleichsam größere Kompositionen in nuce sind« (Dhwanjaloka III, 7, Jacobis Übersetzung). Ähnlich urteilte ein anderer Poetiker: »Eine einzelne Strophe des Dichters Amaruka kommt hundert größeren Dichtwerken gleich« (Jacobi, a.a.O., Anm.).

kämpfen. In einem seiner vielen Redekämpfe hatte er den Philosophen Mandanamisra fast besiegt, als dessen Frau in die Diskussion eingriff und Sankara aufforderte, mit ihr über die Liebe zu disputieren. Der große Sankara war wohl gewohnt, seine Gegner durch die Kraft seiner Argumente zu seinem illusionistischen Theopanismus zu bekehren, dieses Thema aber lag ihm, dem Büßer, fern. Er erbat sich daher einen Urlaub von sechs Monaten und zog aus, um das Wesen der Liebe zu ergründen. Auf seiner Wanderung kam er zur Stadt Sarada. Der dortige König, Amaru, war gerade gestorben; sein Leib lag auf dem Scheiterhaufen und sollte gerade nach indischer Sitte verbrannt werden. Sankara ging kraft der ihm als Asketen eigenen übernatürlichen Zauberkraft in den entseelten Körper ein und genoß als Amaru mit den Frauen des Königs die Freuden der Liebe. Als er dann auf diese Weise sich eine gründliche Kenntnis der Liebeswissenschaft erworben hatte, verfaßte er das »Amaru-Sataka« und besiegte dann in der Disputation die Frau Mandanamisras. Diese eigentümliche Anschauung über den Ursprung der Gedichtsammlung hat wohl mit dazu geführt, daß Kommentatoren versucht haben, jeder Strophe außer dem erotischen auch einen mystischen Sinn unterzulegen, wobei sie natürlich zu den wunderlichsten Erklärungen ihre Zuflucht nehmen mußten[1].

[1] Eine vollständige deutsche Prosaübersetzung des Amaru-Sataka gibt *Otto Böhtlingk,* der die einzelnen Strophen in seine »Indischen Sprüche« (2. Aufl., Petersburg 1870–73) aufgenommen hat. Poetische Übertragungen einzelner Verse findet man u. a. in *Leopold v. Schroeder,* »Mangoblüten« (Stuttgart 1892), *Joh. Hertel,* »Indische Gedichte« (Stuttgart 1900), *Joh. Jak. Meyer,* »Kavyasamgraha« (Leipzig 1903).

Am 8. März 1829 dankte Rückert Bopp für die Überlassung eines Exemplars des Amaru-Sataka, »das ich nun«, – schreibt er – »nachdem ich es philologisch, besonders auch metrisch durchgearbeitet und erklärt, nunmehr, ohne zu wissen wie, ästhetisch wiedergebäre in deutschen Versen, die, ohne solche Willkürlichkeit und Feinheit wie bei der Damajanti, mit strenger Anschließung an alles Einzelne, doch so populär und affektvoll klingen, daß ich mich selbst wundere. Manches, was ich mit aller Sprachbemühung nicht ganz verstanden hatte, ergibt sich nun von selbst aus der inneren Farbe dieser überschwenglich herrlichen Gedichtchen. Es ist die liebenswürdigste üppigste Erotik, die ich kenne. Da meine Übersetzung ganz allgemein lesbar ist, so werde ich sie vielleicht im Morgenblatt anzubringen suchen. Doch hätte ich freilich auch Lust, das Original selbst herauszugeben, wozu freilich diese äußerst fehlerhafte Ausgabe mit den sehr unvollkommenen Scholien (die über die Maßen verkehrte mystische oder vielmehr asketische Auslegung oder besser Wortumdeutung und Verdrehung, welche ungefähr die Hälfte einnimmt, ist ganz ungenießbar, doch merkwürdig genug) kaum hinreichen würde.«

Rückerts Übersetzung von 38 »Sanskritischen Liebesliedchen, aus Amaru-Satakam oder Amarus hundert Strophen« erschien in dem von Amadeus Wendt herausgegebenen »Musenalmanach für das Jahr 1831« (S. 127–143). Zwei weitere Strophen (von uns an den Schluß gestellt) veröffentlichte er bei Gelegenheit seiner Rezension von Benarys »Nalodaja« in den Jahrbüchern für wissenschaftliche Kritik 1831, Sp. 14. Schon bald

nach der Drucklegung war Rückert von dieser seiner Arbeit nicht befriedigt, denn am 2. Dezember 1830 schrieb er an Bopp:
»Daß Ihnen meine Sachen im Wendtschen Musenalmanach gefallen, ist recht schön; nur leider muß ich gestehen, daß die Dingchen aus Amaru-Sataka großenteils falsch übersetzt sind, wie ich nunmehr einsehe, seit ich wieder um einen Ruck im Sanskrit vorwärtsgekommen. Es ist eine verwetterte Sprache, und diese Generation wird sie nicht, noch nicht bändigen, so strenge wir auch gegen uns und gegeneinander sind, was not tut...«
Wie aus einem Briefe an Bopp vom 23. Februar 1832 hervorgeht, plante Rückert den Druck einer im Manuskript fertiggestellten Ausgabe des Amaru-Sataka. Dieselbe sollte den Text der 100 Strophen und Auszüge aus den Scholien enthalten, außerdem drei Übersetzungen, »erst eine möglichst wörtliche, dann eine poetische, worin die im vorigen Musenalmanach gestandenen Proben (mit Verbesserung der vielen damals gemachten Versehen) mit enthalten sind. Zuletzt folgt eine dritte Übersetzung, nämlich die der mystischen Auslegung, welche die Scholien mit enthalten, mit dazugehörigen eigenen Erklärungen und Auszügen der Scholien«.
Dieser Plan kam leider nicht zur Ausführung, da es Rückert trotz verschiedener Bemühungen nicht gelang, einen Verleger dafür zu finden.
Um dem sanskritkundigen Leser den Vergleich der Rückertschen Übertragungen mit den indischen Originalen zu erleichtern, und auch dem Nicht-Sanskritisten das Heranziehen einer deutschen Prosaübersetzung (wie sie Böhtlingk bietet) zu ermöglichen, lasse ich hier in

A	B	C	D	E	A	B	C	D	E
1	4	5	4	640	21	59	II 59	124	81
2	5	7	6	5852	22	61	52	61	5889
3	10	11	10	2484	23	62	53	62	5822
4	12	14	15	1513	24	63	II 63	64	3246
5	13	15	16	2710	25	64	II 54	67	6176
6	16	18	19	2937	26	66	81	69	4142
7	19	21	23	1378	27	67	82	70	4893
8	23	25	27	2665	28	69	68	71	1991
9	24	26	28	4648	29	74	91	76	937
10	25	II 25	132	1631	30	78	II 78	84	2385
11	27	28	30	4554	31	79	70	85	2931
12	31	31	35	4288	32	81	12	11	2484
13	32	4	36	6807	33	83	23	22	1379
14	38	38	43	2071	34	87	85	81	1533
15	40	40	45	2824	35	88	71	60	5844
16	42	42	47	1043	36	90	64	87	2292
17	44	44	49	2915	37	93	92	99	2965
18	49	II 49	120	4088	38	94	II 94	133	1937
19	51	II 51	127	1127	39	70	80	72	5855
20	52	101	116	7031	40	86	II 86	128	7030

einer Tabelle die Nummern folgen, welche die von Rückert wiedergegebenen Strophen in den bekanntesten Amaru-Ausgaben tragen. Die Zahlen in den einzelnen Kolumnen der Tafel beziehen sich auf folgende Werke:

A = Rückerts Übersetzung in der vorliegenden Ausgabe.

B = Amarûśataka und Ghatakarpara, Kalkutta 1808.

C = Richard Simon, »Das Amaruçataka in seinen Rezensionen dargestellt, mit einer Einleitung und Auszügen aus den Kommentatoren versehen«, Kiel 1893.

D = »The Amaruśataka of Amaruka. With the Commentary of Arjunavarmadeva. Edited by Mahâmahopâdhyâya Pandit Durgâprasâda and Kâśînâth Pândurang Parab« (Kâvyamâlâ 18), 2. ed. Bombay 1900.

E = Otto Böhtlingk, »Indische Sprüche«, 3 Bde., 2. Aufl., St. Petersburg 1870–73.

Erläuterungen zu den einzelnen Strophen

10. »Eine Handvoll Gangesflut – doch wohl: zu ihrer Leichenwaschung, weil sie bis zu seiner Rückkunft vor Sehnsucht gestorben sein wird.«

12. »die Spangen – die sie in der Trauer ablegt.«

13. »Amrit (Amritam), nach griechischer Aussprache ›Ambroton‹, das Unsterbliche, d. i. Ambrosia oder Nektar, was die hindostanischen Götter mit großer Anstrengung und abenteuerlichen Anstalten aus dem Milchmeer herausrührten.«

20. »Delphinfahnenträger – ein Titel Kama's, des indischen Liebesgottes.«

25. »Kama, der Gott der Liebe – Jama, der Gott des Todes.«

35. »Lackspur über der Stirn – ein mit Lack gefärbter Frauenfuß hat ihm die Stirne berührt. – Augenschminke am Mund und die Farbe des Betelkauens am Auge verrät ein geschehenes wechselseitiges Augenküssen.«

2. Bhartrihari

Der Dichter Bhartrihari, der im 7. Jahrh. n. Chr. gelebt haben soll, gilt als Verfasser von drei Sammlungen von je hundert Sprüchen, welche den ganzen Umkreis des menschlichen Lebens zum Gegenstande haben: in der »Zenturie der Liebe« (Sringara-Sataka) schildert er Liebeslust und Liebesleid, in der »Zenturie der Lebensklugheit« (Niti-Sataka) gibt er weise Lebensregeln, und in der Zenturie der Entsagung« (Wairagja-Sataka) weist er den Weg zur Erlösung durch Abwendung von den Dingen der vergänglichen Sinnenwelt. Über die Persönlichkeit des Dichters besitzen wir keine zuverlässigen historischen Nachrichten; die indische Tradition, welche ihn mit dem Grammatiker Hari, dem Verfasser des »Wakjapadija«, und mit Bhatti, dem Autor des Kunstgedichts und grammatischen Exempelbuchs »Bhatti-Kawja«, identifiziert, erscheint als wenig glaubwürdig[1]. Alle Nachrichten stimmen jedoch darin überein, daß Bhartrihari in seiner Jugend sehr lebenslustig und den Freuden der Liebe im Übermaß ergeben war, daß er aber später der Welt entsagte und Asket wurde. Die z. T. stark sagenhaft anmutenden Nachrichten über die Ursachen dieses Wandels gehen in den verschiedenen Überliefe-

[1] Die Tendenz, einem berühmten Autor möglichst viele Werke zuzuschreiben und ihn mit anderen Schriftstellern zu identifizieren, ist von jeher in Indien lebendig gewesen, wofür das in diesem Buche über Kalidasa, Sankara und Dschajadeva Angeführte Belege bietet. Vor einigen Jahren suchte mir ein indischer Prinz zu beweisen, daß Kautilja, der Verfasser eines Buches über Politik, und Watsjajana, der Autor der indischen »Ars amandi«, eine Person seien, und daß Shakespeares Dramen von Maria Stuart herrührten.

rungen weit auseinander. Die eine Tradition, welche auch von dem holländischen Missionar Abraham Roger (17. Jh.) berichtet wird, macht ihn zum Sohn eines Brahmanen Tschandragupta, der mit vier Frauen aus allen vier Kasten verheiratet war und von einer jeden von diesen einen Sohn hatte: von der Brahmanin den späteren berühmten Grammatiker Wararutschi, von der Frau aus der Kriegerkaste den König Wikrama, von der Waishja-Frau den Dichter Bhatti und von der Sudra-Frau schließlich unsern Bhartrihari. Während die drei erstgenannten ihrem Vater viel Freude machten, bereitete ihm der vierte großen Kummer, weil er dem Wohlleben ergeben war und dreihundert Frauen hatte. Als Tschandragupta auf dem Sterbebette lag und Bhartrihari die Sorge seines Vaters um ihn sah, ging er hinaus, ließ sich die Haare scheren und legte ein rotes Gewand an, zum Zeichen dafür, daß er Mönch geworden sei. Als der sterbende Vater die Sinnesänderung seines Sohnes sah, freute er sich und segnete ihn. Bhartriharis Entschluß, in der Welt als Pilger umherzuwandeln, stieß auf Widerstand bei seinen dreihundert Frauen. Diesen besiegte er dadurch, daß er ihnen erlaubte, sich wieder zu verheiraten, und ihnen verhieß, daß ihre Nachkommen eine besondere Sudrakaste bilden sollten.

In anderer Weise motivieren indische Märchenbücher[1]

[1] Z. B. einige Versionen der »25 Erzählungen des Leichendämons« (Vetālapañcaviṃśatī); namentlich die Hindifassung (Baitāl-Pachīsī), vgl. auch die deutsche Übersetzung der letzteren von *H. Oesterley* (Leipzig 1873), wo auf S. 176ff. Parallelen aus verschiedenen Literaturen beigebracht werden. Ähnlich auch die »32 Thronerzählungen« (Dvātriṃśatputtalikā, ed Jībānanda Vidyāsāgara, Kalkutta 1881, S. 3f.).

Bhartriharis Entschluß, Asket zu werden. Nach ihnen war Bhartrihari ein König, der in Pracht und Herrlichkeit herrschte. Einst schenkte ihm ein Brahmane eine Unsterblichkeit verleihende Frucht, die er als Lohn für seine Frömmigkeit von der Göttin Durga erhalten hatte. Bhartrihari aß diese jedoch nicht, sondern gab sie seiner über alles geliebten Gemahlin; diese wieder ihrem Liebhaber, dem Polizeimeister, der sie seinerseits einer Dirne schenkte, mit der er es hielt; die Dirne aber dachte, »dies ist eine passende Spende für den König« und überreichte die Frucht dem Fürsten. Als Bhartrihari auf diese Weise wieder in den Besitz des Geschenkes des Brahmanen gelangte, beschenkte er die Dirne reichlich, stellte seine treulose Gemahlin zur Rede und entsagte der Welt, indem er sich als Jogin in die Wälder zurückzog; die Regierung seines Reiches aber wurde von seinem Bruder Wikrama übernommen.

In Hariharis Drama »Bhartrihari-nirweda«[1] ist der Grund, der Bhartrihari zum »Nirweda«, zur Gleichgültigkeit gegen die Dinge der Welt führte, ein anderer. König Bhartrihari, so wird dort berichtet, ließ seiner Gattin Bhanumati melden, ein Tiger habe ihn auf der Jagd getötet, um ihre Liebe zu prüfen. Daraufhin starb die Königin vor Schmerz. Bhartrihari ist über den Verlust untröstlich und will sich mit der Leiche der Geliebten verbrennen lassen. Da erscheint ein Asket, der weint und klagt, weil seine Almosenschale zerbrochen ist. Bhartrihari setzt ihm daraufhin auseinander, daß alles Irdische wertlos

[1] Kāvyāmālā, Nr. 29 (Bombay 1892), englische Übersetzung von *Louis H. Gray* (Journal of the American Oriental Society XXV [1904], 197–230).

und vergänglich sei und daß er deshalb nicht wegen eines Verlustes klagen dürfte. Im Verlaufe der Unterhaltung wird dem König klar, daß seine Trostreden auf ihn selbst in erhöhtem Maße Anwendung finden; er erkennt die Nichtigkeit der Welt und entschließt sich, ihr zu entsagen. Der Asket, der sich als der berühmte Heilige Gorakschanatha[1] zu erkennen gibt und der seine Klagen um die zerbrochene Schale natürlich nur erhoben hatte, um den König zu bekehren, erweckt darauf Bhanumati wieder zum Leben, um die Festigkeit der Entsagung Bhartriharis auf die Probe zu stellen. Weder die Königin noch auch ihr kleiner Sohn vermögen jedoch Bhartrihari in seinem Entschluß wankend zu machen – er zieht in die Wildnis, nachdem noch Gorakschanatha das Kind als König eingesetzt und der Königin verheißen hat, daß sie später in einem Götterhimmel als die Gemahlin ihres standhaften Gatten wiedergeboren werden würde.

Nach dem chinesischen Schriftsteller I-tsing (7. Jahrh. n. Chr.) schließlich, der über den Dichter und Grammatiker Bhartrihari Mitteilungen macht, soll dieser buddhistischer Mönch geworden, aber immer wieder, von Begierde verblendet, in die Welt zurückgekehrt sein, so daß er siebenmal Mönch und siebenmal Laie war. In der Erkenntnis seiner Unbeständigkeit soll er sogar einen Wagen vor dem Kloster, in dem er lebte, haben halten lassen, um in die Welt zurückkehren zu können, wenn in ihm wieder das Weltkind die Oberhand gewann[2].

[1] Gorakschanatha (Gorakhnath) lebte wahrscheinlich im 15. Jahrh. n. Chr.; danach läßt sich eine obere Grenze für die Abfassungszeit des Dramas gewinnen.

[2] Die Sprüche des Bhartrihari wurden zuerst in Europa bekannt durch

Rückerts Übersetzungen von Bhartriharis Sprüchen erschienen 1837 im ersten Heft des ersten Bandes der »Zeitschrift für die Kunde des Morgenlandes« (S. 12–19). Ihnen liegt zugrunde die Textausgabe Peter v. Bohlens »Bhartriharis Sententiae« (Berlin 1837), welche auch eine lateinische Übersetzung enthält. Wie Rückert bemerkt, sind in der letzteren die Verse I, 3, 5, 8 und II, 1, 4, 5 »besonders mißverstanden«; »bei II, 1 bleibt die letzte Zeile problematisch«.

Obwohl eigentlich nur die Strophen, die von der Liebe handeln, in einer Sammlung »Indische Liebeslyrik« Aufnahme finden dürften, werden hier auch die anderen von Rückert übertragenen Verse Bhartriharis mitgeteilt, in der Annahme, daß dem Leser Vollständigkeit erwünscht ist.

Konkordanz der Nummern, welche die von Rückert übersetzten Strophen in der vorliegenden Ausgabe (A), in Peter v. Bohlens Text (B) und in Böhtlingks »Indischen Sprüchen« (C) tragen.

Abraham Roger († 1649), der in Südindien als Missionar gewirkt hatte und einen Teil von ihnen in seinem 1651 in Leiden erschienenen, 1663 auch deutsch herausgegebenen Buche »Offene Tür zum verborgenen Heidentum« mitteilte. Einzelnes daraus gab später *Herder* in seinen »Gedanken eines Brahmanen« wieder. Aus dem Sanskrit wurden einige von ihnen zuerst ins Deutsche übertragen von *A. W. v. Schlegel* (Werke, ed. Böcking III, 1846). Eine vollständige poetische Übersetzung lieferte *Peter v. Bohlen,* »Die Sprüche des Bhartriharis« (Hamburg 1835), eine in Prosa *O. Böhtlingk* in seinen »Indischen Sprüchen« (2. Aufl. Petersburg 1870–73). Dichterische Nachbildungen findet man in den S. 183 ff. genannten Sammlungen von *Schroeder, Hertel, Meyer* sowie bei *L. Fritze,* »Indische Sprüche« (Leipzig 1880, Reclam).

A	B	C	A	B	C
I, 1	I, 7	2999	II, 3	A, 12	1419
2	I, 10	3804	4	A, 21	5220
3	I, 12	1916	5	A, 22	3956
4	I, 14	6700	III, 1	III, 7	526
5	I, 23	190	2	III, 22	2813
6	I, 26	1315	3	III, 13	668
7	I, 46	1067	4	III, 25	2053
8	I, 52	4559	5	III, 26	1725
9	I, 57	7285	6	III, 63	3963
10	I, 75	3608	7	III, 75	6599
11	I, 81	2371	8	III, 76	5479
12	I, 98	5202	9	III, 80	5717
II, 1	A, 10	1943	10	III, 81	5714
2	A, 11	470			

Erläuterungen zu den einzelnen Strophen

I, 12. Brahma (Neutrum) ist die Allseele; nicht zu verwechseln mit Brahma (Maskulinum), welcher einer der höchsten, persönlichen Götter ist.
III, 4. Ganga (Femininum), die indische Bezeichnung des Ganges. Himawan = Himalaja.
III, 7. Tschandalen sind die Angehörigen der verworfensten Klasse der menschlichen Gesellschaft, die nach dem indischen Kastensystem der Verbindung eines Sudras mit einer Brahmanin entstammen.

III. ZU DSCHAJADEWA'S GITAGOWINDA

Dschajadewa, der Dichter des Gitagowinda, gehörte zu den Hofpoeten des bengalischen Königs Lakschmanasena, der zu Beginn des 12. nachchristl. Jahrh. regierte. Die Nachrichten über sein Leben, die z. T. einen stark legendarischen Zug tragen, hat Richard Pischel[1] folgendermaßen kurz zusammengefaßt: »Wir erfahren von Dschajadewa selbst, daß er ein Sohn des Bhodschadewa und der Ramadewi (Radhadewi) war. Seine Frau hieß Padmawati; sein Geburtsort war Kindubilwa, das heutige Kenduli, ein Dorf am Ufer des Flusses Adschaja im Distrikt Wirabhumi in Bengalen. Mehr von ihm weiß die ›Bhakt Mala‹[2] zu erzählen. Danach führte er ein asketisches Leben und war wegen seiner dichterischen Befähigung und seiner glühenden Verehrung des Wischnu berühmt. Ein Brahmane, der seine Tochter dem Dschagannatha[3] weihen wollte, brachte dieselbe auf Befehl des Gottes zu Dschajadewa und nötigte sie ihm trotz

[1] *Richard Pischel,* »Die Hofdichter des Laksmanasena«, Abhandlungen der Kgl. Ges. der Wissenschaften zu Göttingen, histor.-phil. Klasse, 39. Bd. (1893), S. 18f. (etwas gekürzt).

[2] Die Bhakt Mala ist die Apostelgeschichte der wischnuitischen Sekten Indiens. Ihr Verfasser, Nabha Das, lebte um 1600 n. Chr. Die auf Dschajadewa bezüglichen Legenden sind übersetzt von *M. Garcin de Tassy,* »Histoire de la littérature Hindouie et Hindoustanie«, 2. Aufl., Paris 1870 II, S. 69ff.; *Ernst Trumpp,* »Die ältesten Hindui-Gedichte« (Sitzungsber. der Kgl. Bayer. Akad. der Wiss., philos.-phil. Klasse, 1879, S. 4ff.). Vgl. auch *Macauliffe,* »The Sikh Religion« (Oxford 1909), V. 4ff.

[3] Die Form des Wischnu, unter welcher dieser in Puri bei Orissa verehrt wird.

seines Protestes zur Frau auf. Als Haushalter verfaßte er den Gitagowinda. Als er einst nicht wußte, wie er die Reize der Radha geziemend beschreiben sollte und baden ging, um einen günstigeren Augenblick abzuwarten, nahm Krischna seine Gestalt an und schrieb selbst den betreffenden Teil des Gedichtes. Später begann Dschajadewa ein Wanderleben, da er für Dschagannatha einen bestimmten Brauch einrichten wollte, und es gelang ihm für diesen Zweck eine bedeutende Geldsumme aufzubringen. Unterwegs wurde er aber von Thags[1] angefallen und beraubt und ihm Hände und Füße abgeschnitten. In diesem Zustande fand ihn ein Radscha, der ihn mit sich nahm und seine Wunden heilen ließ. Bald darauf kamen auch die Räuber, als fromme Bettler verkleidet, an den Hof des Radscha. Dschajadewa erkannte sie und überhäufte sie mit Wohltaten. Nach dem Grunde befragt, sagten sie, sie hätten zusammen mit Dschajadewa einem Radscha gedient, der ihnen befohlen hätte, den Dschajadewa zu töten; sie hätten ihn aber nur verstümmelt, und aus Dankbarkeit dafür hätte er sie jetzt so freundlich behandelt. Sie hatten dies kaum gesprochen, als die Erde sich öffnete und sie verschlang, währenddem dem Dichter die abgehauenen Glieder wieder wuchsen. Dem erstaunten Radscha erzählte Dschajadewa den wahren Sachverhalt. Der Radscha ließ auch Padmawati an den Hof kommen, die, von der Königin schwer gekränkt, freiwillig in den Tod ging, von Dschajadewa aber durch Rezitation einer Strophe aus seinem Gedichte wieder ins Leben zurückgerufen wurde. Der Dichter

[1] Räuber; auch Bezeichnung für die Anhänger einer Mördersekte (bei uns fälschlich auch Thugs genannt).

verließ nun den Hof und ging nach Kindubilwa zurück. Damals floß der Ganges 18 Kos von dem Dorfe entfernt; trotzdem ging Dschajadewa täglich dahin, um zu baden. Als er alt wurde, riet ihm der Fluß, er solle nicht mehr kommen, sondern im Geiste baden. Aber Dschajadewa wollte das nicht. Da kam der Ganges zu ihm, und seit dieser Zeit fließt er nahe an Kindubilwa vorbei.«

Außer dem Gitagowinda soll Dschajadewa auch Gedichte in altem Hindi verfaßt haben. Zwei von diesen sind uns im »Adi-Granth«, dem heiligen Buch der Sikhsekte, erhalten[1]. Die beiden Sanskritwerke »Prasannaraghawa« und »Tschandraloka« hingegen, welche ihm von manchen Schriftstellern zugeschrieben werden, rühren sicher nicht von ihm her, sondern von einem älteren Dschajadewa, der wahrscheinlich im 7. oder 8. Jahrh. n. Chr. lebte.

Der Gitagowinda handelt von der Liebe des Krischna und der Radha; er schildert die Entfremdung der Liebenden und ihre schließliche Wiedervereinigung. Krischna, der Häuptling des Stammes der Jadawer, gilt als eine irdische Erscheinungsform des Gottes Wischnu, die dieser annahm, um in der Welt die Guten zu schützen und die Bösen zu vernichten. Ein reicher Kranz von Legenden umgibt die Gestalt dieses göttlichen Helden, der nicht nur ein gewaltiger Kämpfer war, sondern auch seinen Anhängern philosophische Lehren verkündete und ihnen den Weg zur Erlösung durch inbrünstige Gottesliebe wies. Mit besonderem Interesse ist in den Werken

[1] Beide in englischer Übersetzung bei *Macauliffe*, l. c., S. 15; das eine auch deutsch von *Trumpp*, l. c., S. 9.

der Puranaliteratur seine Jugendgeschichte ausgeschmückt worden. Dort wird erzählt, wie er als Hirte unter Hirten aufwuchs und im Wrinda-Walde am Ufer der Jamuna mit Tausenden von Hirtinnen scherzte und spielte und, unerschöpflich an Kraft, mit ihnen die Freuden der Liebe genoß. Krischnas hauptsächlichste Geliebte ist die schöne Radha; ihre gegenseitige Liebe wird mit der ganzen Glut orientalischer Leidenschaft ausgemalt und ist bis zum heutigen Tage der beliebteste Gegenstand der nordindischen Dichtung geblieben. In eigenartiger Weise sehen wir in den Werken dieser Literatur sinnliche und übersinnliche Ideen sich verweben; während die Dichter wollustatmende Schilderungen irdischer Gefühle voll heißer Sinnenlust geben, versäumen sie doch nie, bei jeder sich bietenden Gelegenheit auf die mystisch-übersinnliche Bedeutung hinzuweisen. Für den Europäer hat eine derartige enge Verbindung von Religion und Erotik etwas Befremdendes, ja mitunter, wie Rückert sagt, geradezu etwas Unheimliches; trotzdem wäre es falsch zu glauben, die indischen Dichter hätten lediglich die Darstellung irdischer Liebe zum Ziel gehabt, oder anzunehmen, die mystische Deutung ihrer Gedichte sei erst späterhin von Zeloten in diese hineingetragen worden. Das Vorhandensein einer großen Zahl derartiger Dichtungen und die Tatsache, daß die Verfasser derselben, mögen sie Dschajadewa, Tschandidas, Vidjapati, Surdas, Haribans oder Biharilal heißen, stets als religiöse Sänger betrachtet worden sind, läßt keinen Zweifel darüber, wie die Hindus ihre Schöpfungen empfunden haben. Die Einhelligkeit des Urteils der Inder über den religiösen Gehalt gerade des Gitagowinda, des ältesten Vertreters dieser Literaturgattung, ergibt sich aus den zahlreichen Urteilen über den Dichter, der stets als ein frommer, gottergebener Sänger gepriesen wird, sowohl in der erwähnten Legendensammlung Bhakt-Mala wie auch in den Erzeugnissen der modernen bengalischen Literatur, wie in Bankim Tschandra Tschhattopadhjajas Roman »Anandamath« (Das Kloster der Wonne) u. a. Wenn es also feststeht, daß im Gitagowinda Erotik und Mystik in eins verschmolzen erscheinen, daß der Dichter hier, mit Oldenberg zu reden, »nach launenhafter Lust Sinnlichstes und Übersinnlichstes aus unergründlichen Fernen einen Augenblick ineinanderscheinen läßt«, so geht es doch nicht an, das ganze Werk, wie dies Edwin Arnold in seiner englischen Übersetzung tut, als eine pedantisch durchgeführte Allegorie zu betrachten. Wohl mag dem Dichter vorgeschwebt haben, daß diese Trennung und schließliche Wiedervereinigung eines göttlichen Liebespaares der Gottentfremdung und endlichen Erlösung der Menschenseele zu vergleichen sei, eine in Einzelheiten sich verlierende symbolische Deutung hat er selber aber ebensowenig gegeben wie die indischen Kommentatoren.

Der Gitagowinda ist eine Art von Melodrama, das zur Aufführung bestimmt war und heutzutage auch noch aufgeführt wird. Die drei handelnden Personen (Krischna, Radha und deren Freundin) singen Lieder; zwischen diesen Arien vermitteln erklärende Verse und schildern die vorauszusetzende Situation. Das ganze Werk zerfällt in 12 Abschnitte oder Sarga, in welchen die einzelnen Strophen durchgezählt werden (wie dies Lassen und, ihm folgend, auch Rückert tut), oder in 24 Pra-

bandha, welche immer je eine Arie enthalten, die vermittelnden Verse aber nicht mitzählen. Die letztere Art der Einteilung ist die ältere und gründet sich auf den musikalischen Vortrag des Gedichtes. In indischen Ausgaben wird bei jedem Prabandha der Melodietypus (raga) und der Takt (tala) seines Liedes angegeben. Die Verteilung der einzelnen Prabandhas innerhalb der Sargas der Rükkertschen Übersetzung zeigt die folgende Übersicht:
Prabandha 1 = I, Vers 5–15; P 2 = I, 17–24; P 3 = I, 27–34; P 4 = I, 38–45; P 5 = II, 2–9; P 6 = II, 11–18; P 7 = III, 3–10; P 8 = IV, 2–9; P 9 = IV, 11–18; P 10 = V, 2–6; P 11 = V, 8–15; P 12 = VI, 2–6; P 13 = VII, 3–10; P 14 = VII, 14–20; P 15 = VII, 22–29; P 16 = VII, 31–38; P 17 = VIII, 2–9; P 18 = IX, 2–9; P 19 = X, 2–9; P 20 = XI, 2–9; P 21 = XI, 14–21; P 22 = XI, 24–31; P 23 = XII, 2–9; P 24 = XII, 18–25.
Seit jeher hat der Gitagowinda als ein Meisterwerk der indischen Literatur gegolten. Eine wie hohe Meinung Dschajadewa selbst von seiner Dichtung hatte, gibt er in den Abgesängen zu den einzelnen Liedern zu erkennen, in welchen er das Erzeugnis seiner Muse mit lobenden Beiworten überhäuft und sich selbst als den »König der Dichterkönige« bezeichnet. Wie hoch sein Werk von den Indern geschätzt wurde, zeigen die Legenden, die von ihm berichtet werden. So wird erzählt, »daß der Radscha von Nilatschal auch einen Gitagowinda verfaßt habe und Brahmanen kommen ließ, um das Buch bekanntzumachen; diese aber wollten das Buch nicht anerkennen, weil sie schon ein solches besäßen. Man beschloß daher, beide Bücher in den Tempel des Dschagannath zu bringen und dem Gotte die Entscheidung zu überlassen. Darauf soll

Dschagannath mit dem Buche des Dschajadewa seinen Hals wie mit einem Halsband geschmückt, das Buch des Radscha dagegen zum Tempel hinausgeworfen haben« (Trumpp, l. c., S. 6). Dieses Erlebnis des Radschas hat jedoch andere Dichter nicht davon abgeschreckt, Dschajadewa nachzuahmen, ohne daß es ihnen jedoch gelang, seinen Ruhm auch nur entfernt zu erreichen.

Auch in Europa erregte der Gitagowinda hellstes Entzücken, als er dort durch die Übersetzung von Sir William Jones zuerst bekanntgeworden war. Die ersten deutschen Übertragungen (von Majer, Weimar 1802; von J. F. H. v. Dalberg, Erfurt 1802) fußen auf der englischen Version von Jones. Über den Unwert der Dalbergschen Arbeit hat sich Goethe in einem Brief an Schiller vom 19. Februar 1802 ausgelassen; er sagt: »Das Englische des Gitagowinda habe ich nun auch gelesen und muß leider den guten Dalberg einer pfuscherhaften Sudelei anklagen. Jones sagt in seiner Vorrede: er habe dieses Gedicht erst wörtlich übersetzt und dann ausgelassen, was ihm für seine Nation zu lüstern und zu kühn geschienen habe. Nun läßt der deutsche Übersetzer nicht nur nochmals aus, was ihm von dieser Seite bedenklich scheint, sondern er versteht auch sehr schöne, unschuldige Stellen gar nicht und übersetzt sie falsch. Vielleicht übersetz' ich das Ende, das hauptsächlich durch diesen deutschen Meltau verkümmert worden ist, damit der alte Dichter wenigstens in der Schöne vor Ihnen erscheinen möge, wie ihn der englische Übersetzer lassen durfte.« Nachdem dann A. W. Riemschneider (Halle 1818) eine metrische Übertragung des Gedichtes zu geben versucht hatte, gab Rückert 1837 seine berühmte Nachbildung heraus, die zum erstenmal (allerdings leider nicht vollständig) das indische Original in deutscher Sprache neu schuf. Eine auszugsweise Übersetzung gab späterhin noch E. Wollheim da Fonseca bei A. Wolff, »Die Klassiker aller Zeiten und Nationen«, Bd. IV, 1. (Indien), Berlin 1873, S. 150–156. Eine freie metrische Übersetzung bietet auch Reinhard Wogen, »Frühlingsliebe« (Halle 1906).

Rückerts intensive Beschäftigung mit dem Gitagowinda geht bis in das Jahr 1829 zurück. Im Sommersemester dieses Jahres las er dieses Werk im Kolleg für einen Sohn des großen Kriminalisten Anselm v. Feuerbach. Friedrich v. Feuerbach hatte eine Zeitlang die Absicht, das Sanskritstudium zur Hauptaufgabe seines Lebens zu machen, und widmete sich daher bei Rückert in Erlangen indologischen Arbeiten. Rückert wies ihn auf den Gitagowinda hin und wollte ihn in diesen schweren Text einführen; da aber in Erlangen ein Exemplar dieses Werkes nicht vorhanden war, wandte sich Anselm v. Feuerbach an Franz Bopp mit der Bitte, ihm ein solches zu verschaffen. In seinem Brief an diesen, datiert Ansbach, den 8. Mai 1829, schreibt er: »Der sonderbare zufällige Umstand, daß ich mich ehemals ganz besonders mit dem Gitagowinda – soweit er durch Jones' Übersetzung mir zugänglich war – beschäftigt, denselben metrisch übersetzt und vieles zu dessen Erläuterung Dienliches gesammelt habe, gab Rückert den Gedanken, meinem Sohn Friedrich sei hierdurch gleichsam von dem Schicksale der Wink gegeben, daß er nun an dem *Original* seine ersten Kräfte versuche, um durch eine kritische, mit einem Kommentar begleitete Ausgabe desselben der Sanskritliteratur einen Dienst zu erweisen. Mein kleiner Brahmassari hat diesen Wunsch seines lieben Gurn in dessen ganzem Umfang ergriffen, und jetzt ist nur die Frage: wie man eines Exemplares von dem Original des Gitagowinda in Erlangen habhaft werden könne? Alles ist in dieser Beziehung auf Euer Wohlgeboren gütigen Rat und Beistand berechnet!... Eure Wohlgeboren würden mich unendlich verpflichten, vielleicht auch dem Wissen, um welches Sie vor allem sich unsterblichen Ruhm erworben, einen kleinen Dienst erweisen, wenn Sie die Güte hätten, ... das Vorhaben meines Sohnes – über dessen Talente und Fortschritte Ihnen Rückert vielleicht mehr sagen wird – durch Ihren viel vermögenden Beistand zu unterstützen.« Bopp sandte daraufhin eine indische Textausgabe an Rückert, der diese dann Pfingsten 1829 seinem »hoffnungsvollen Sanskritlehrling« aushändigte. Über den Verlauf der Studien des jungen Feuerbach und die Dienste, welche Bopps Buch Rückert selbst leistete, erfahren wir Näheres aus dem Koburg, 8. September 1832 datierten Briefe Rückerts, mit welchem er das Gitagowinda-Exemplar seinem Eigentümer zurücksandte. Rückert schrieb an Bopp: »Sie empfangen hier... auch Gitagowinda, das Sie eigentlich nicht mir, sondern Herrn Feuerbach geliehen hatten. Der junge Mann hat daran nicht angebissen, er ist mir inzwischen ganz außerm Gesicht gekommen (wie ich höre, ist er in Bonn) und hat mir das Buch zurückgelassen, das ich denn hiemit an seinen Herrn zurückstelle, mit doppeltem Dank für ihn und für mich. Ich selbst habe es gründlich ausgeschöpft, und meine Ausbeute davon hoffe ich Ihnen auch einmal noch vorzulegen, wenn es einmal

ernstlich ans Hervorlangen meines nach und nach gehäuften Schatzes oder Plunders kommt.« Rückert beschäftigte sich auch in der Folgezeit mit dem Werke, gab seine deutsche Übertragung jedoch erst heraus, als im Jahre 1836 die kritische Textausgabe Christian Lassens erschienen war. Im 2. Heft des 1. Bandes der »Zeitschrift für die Kunde des Morgenlandes« (Göttingen 1837) veröffentlichte er dann auf S. 129–173: »Gita-Gowinda, aus dem Sanskrit übersetzt von Friedrich Rückert«, und ließ dieser Nachdichtung dann im nächsten Heft Seite 286–296 »Sprachliche Bemerkungen« folgen, in welchen er sich mit verschiedenen Stellen in Lassens lateinischer Übersetzung auseinandersetzt und seine abweichenden Auffassungen begründet. Diese philologischen Untersuchungen können hier im folgenden übergangen werden; mitgeteilt seien hier nur die Worte, mit denen Rükkert sie schließt; er sagt nämlich: »Zum Schlusse wünsche ich, daß Herr Lassen meine deutsche Übersetzung nicht so genau ansehn möge als ich seine lateinische; sonst möchte er gar leicht weit Bedeutenderes daran zu rügen haben. Aber jene ist keine philologische, nur eine ästhetische Arbeit und entzieht sich unter diesem Titel der Schärfe der Wortkritik.«
Seiner Übertragung schickte Rückert ein Vorwort und erläuternde Bemerkungen voraus, die hier zunächst folgen mögen.

Rückerts Vorwort

»Schon im Jahre 1829 übersetzte ich vollständig Gitagowinda aus dem damals einzigen Drucke, dem Kalkutter, den ich von meinem hochgeehrten Freunde, Herrn Prof. Bopp, mitgeteilt erhielt. Einige Jahre später, als ich auf diese Arbeit zurückkam, konnte sie mir nicht genügen, und ich machte eine neue, aber diesmal mit einigen Erleichterungen. Ich verzichtete nämlich auf die Nachbildung der monoschematischen Versmaße des Originals, die mir früher viel undankbare Mühe gemacht hatte. Ich habe schon anderwärts ausgesprochen, wie ich meine, daß diese im Deutschen wiederzugeben seien, nämlich in kürzeren oder längeren, trochäischen oder jambischen Zeilen, nach Art der Sanskritstrophe angeordnet, zweigliedrig, oder, mit Unterteilung, viergliederig. Und so erscheinen sie hier, gewiß nicht minder abwechselnd und mannigfaltig als die Sanskritmaße selbst, deren Stelle sie vertreten. Dagegen hab' ich alle Kraft und Sorgfalt gewendet auf möglichst genaue Nachbildung anderer, diesem Gedichte ganz eigentümlicher Maße, gereimter Sangweisen mit Wiederkehr oder Refrain, eine Nachbildung, die, wenn gelungen, eine neue Bereicherung unseres deutschen Formenvorrates sein wird. Inzwischen blieb auch diese Arbeit liegen, bis nun Herrn Prof. Lassen's kritische Ausgabe des Gitagowinda erschienen ist, mit festgestelltem Texte, lateinischer Übersetzung, Kommentar, Angabe der verschiedenen Lesarten, historischen, mythologischen, metrischen und andern Untersuchungen, und allem, was man bei dem jetzigen Stande der Sanskritliteratur von einem Meister des Faches nur fordern kann. Ich habe nun meine deutsche Übersetzung mit Herrn Lassen's lateinischer verglichen und beide, wie zu erwarten war, an vielen Stellen sehr abweichend gefunden. Kein lyrisches Gedicht wird leicht von zweien auf ganz gleiche Weise verstanden werden, zumal aber der überkunstreiche Ausdruck dieser vergleichungsweise späteren Sanskritlyrik ist wie ein Schillertaft, der anders angesehn andre Farben zeigt... Die *Erläuterungen*... sind für den nichtsanskritwissenden Liebhaber fremder Poesie berechnet. Die an der Seite des Textes herunterlaufenden Strophenzahlen sind die des Originals; es erhellt daraus, daß ich in der Übersetzung manches übergangen habe. Und zwar erstens die ganze ziemlich lange Einleitung mit dem übrigens höchst wichtigen, mich aber hier nicht angehenden Hymnus auf die Verwandlungen oder Einkörperungen (Herabsteigungen) Wischnu's; sodann auch alles übrige eingemischte Religöse, besonders die Anrufungen und Segensprechungen am Ende jedes Gesangs, weil dergleichen für uns mitten in einem so üppig sinnlichen Gemälde etwas Unheimliches hat. So habe ich auch den Dichter selbst aus seinem Gedicht hinausgewiesen, darein er sich, hierin den persischen Poeten ähnlich, in jeder Schlußstrophe eines Liedes mit seinem Namen, Dschajadéwa, eingeführt hat. Sonst habe ich von diesen Liedern, dem Hauptschmucke des reichgeschmückten Gedichtes, nur 2 Strophen als unserm sittlichen Gefühl allzu anstößig weglassen müssen, und einiges andere aus gleichem Grund in den übrigen Teilen des Gedichtes, sowie endlich noch einiges Unschuldigere weggeblieben ist, weil es den Fortschritt unnützerweise hemmte. Durch dieses Wegschneiden allerlei Nebengerankes glaube ich dem Gedicht an sich, besonders aber bei den Lesern, für die es bestimmt ist, eher einen Dienst als einen Schaden getan zu haben. Zwischen dieses Vorwort und das Gedicht habe ich zwei Verzeichnisse von häufig im Texte vorkommenden Götternamen gestellt, um lästige Wiederholungen unter dem Texte zu vermeiden.

Die Namen Krischnas

Gowínda, wovon das Gesicht selbst *Gitagowinda,* d.i. des Liedes *Gowinda,* oder *Gowinda* im Liede, der eigentliche Hirtenname des Gottes: der Kuhfinder.
Hari, als Adjektiv soviel als harit, grün, und zwar gelblichgrün, neugrün, scheint der Frühlingsname des Gottes, wie er gleich im ersten Lied erscheint. Man denkt dabei unwillkürlich an den persisch-arabischen, grüngewandigen, ewig jungen *Chider,* der gar wohl etymologisch mit harit verwandt sein könnte (h-r-t, ch-d-r).
Jádawa oder *Jadunándana, Jadu-*Sproß, *Jadu-*Lust, *Jadu-*Beglücker, aus dem Geschlechte *Jadu,* das in der alten Geschichte Indiens, besonders bei den Einwanderungen im *Dekan* (d.i. Süden) aus dem Norden eine wichtige Rolle spielt.
Indras Nachgeborener oder jüngerer Bruder, *Indránudscha,* auch *Upendra,* d.i. Neben-*Indra,* nach einem rätselhaften Mythus.
Kansári, der Kansa-Feind, so genannt von seinem feindlichen Oheim, *Kansa,* den er erschlug.
Késawa, vermutlich der Lockige, von *Kesa,* Lockenhaar, doch vielleicht auch verwandt mit dem folgenden.
*Kesi-máthana, Kesi-*Töter, von einem feindseligen Dämon, *Kesin,* d.i. der Lockige, den er tötete.
Krischna, der Dunkelfarbige.

Mádhawa, Madhurípu, Madhusúdana, Madhumáthana u. dgl., d. i. der Feind, Besieger oder Erleger des *Madhu,* eines feindlichen Dämonen.

Murári, der Feind des *Mura,* eines andern Dämonen, den er erlegte.

Narájana, sein göttlicher Name, der auf dem Wasser Schwebende.

Wanamáli, der Hainbekränzte, einen Kranz von Waldblumen tragende.

Wischnu wird im Gedichte selbst nicht genannt.

Die Namen des Liebesgottes

Anánga, der Leiblose; er hat seinen Leib verloren, verzehrt vom Zornfeuer *Siwa's,* den er mit seinen Pfeilen anzugreifen gewagt hatte.

Kama, Begierde, Cupido.

Kandárpa.

Mádana, der Berauscher oder Erfreuer.

Mánasidscha oder *Manodscha,* der im Gemüte Geborene.

Mánmatha, der Herzerschütterer oder Quäler.

Pantschawána oder *Asamawána,* der Fünfpfeilige, der Pfeile von ungleicher Zahl, nämlich fünfe, führt, wohl nach den fünf Sinnen, aber er gebraucht dazu fünf verschiedene Blumen.

Smara, der Gedenker oder Erinnerer.

Wonneherr, Rátipati, d. i. Eheherr der *Rati* oder Liebeswonne.«

Erläuterungen zu den einzelnen Strophen

Vorbemerkung: Die folgenden Erläuterungen enthalten außer den von Rückert selbst herrührenden Anmerkungen kurzgefaßte Angaben über den Inhalt der von Rükkert nicht übersetzten Strophen. Die Zwischenbemerkungen suchen dem Leser das Verständnis der Handlung zu erleichtern.

I.

1–25. Die von Rückert nicht übersetzten Strophen enthalten größtenteils Lobpreisungen auf den Gott Wischnu bzw. seine Erscheinungsform als Krischna. Besonders berühmt sind die Strophen 5–16, in welchen zehn Inkarnationen des Gottes (als Fisch, Schildkröte, Eber, Mannlöwe, Zwerg, Parasurama, Ramatschandra, Balabhadra [älterer Bruder des Krischna], Buddha und Kalki) besungen werden. Andere machen Angaben über das Thema, das im Gitagowinda behandelt werden soll, sowie über die Person des Dichters.

Die eigentliche Handlung beginnt mit Strophe 26: Eine Freundin kommt zu Radha und berichtet dieser von dem Treiben Krischna's; während Radha in Liebeskummer versunken im Walde allein umherwandert, um den Gebieter ihres Herzens zu suchen, ergötzt sich der Geliebte mit den Hirtenmädchen.

27. »Der *Malaja*-Wind, der Frühlingswind, der aus Süden von den *Málaja*-Bergen herweht, wo die Gewürznelken wachsen.

Kókila, der indische Kuckuck mit Nachtigallengesang.«

28. »Von hier an nennt jeder Vers dieses Liedes eine oder ein paar Frühlingsblüten, hier *Wákula,* im folgenden *Tamála, Kínsuka, Késara, Pátali,* Karuna, Atimukta Amra, Madhawi *Málika.* Es wäre nutzlos, diese Gewächse hier botanisch beschreiben zu wollen; aber aus dem Umstande, wo sie alle zusammen gerade im Frühling blühen, ließe sich vielleicht einmal der Aufenthaltsort des Dichters ermitteln.«

33. »Der *Amra* (Mango) empfindet haarsträubenden Liebesschauer, indem er das geliebte Gerank *Atimukta* umarmt. – *Wrindráwana,* der heilige Wald am Flusse der Jámuna, wo der Schauplatz dieses Liebesspiels ist.« – Strophe 33 setzt Rückert sinngemäß vor Strophe 32. »Der weggelassene Schlußvers des Liedes ist:

34. *Sri-Dschajadéwa's* Gesang ist erklungen, zu *Hari's* Gedächtnisses Hegung,
Schildernd Wälder im Lenze, dem frohen, und *Mádanas* wechselnde Regung,
Hari nun spielet im Lenze, dem frohen,
Tanzet, o Freundin, mit Mädchen zur Zeit, die nicht süß ist, wo Liebe geflohen.

Das Schema des Verses ist, wie man sieht, der Daktylus, und zwar in den drei Langzeilen siebenmal wiederholt, ein Heptameter statt Hexameter. Aber im Sanskrit ist der Daktylus meist in vier Kürzen aufgelöst. Dasselbe gilt von allen folgenden daktylischen Singweisen.«

35. »*Ketaki,* das Blütengewächs von Vers 31.«

36. Diese von Rückert nicht übersetzte Strophe fährt in der Schilderung der Frühlingszeit, welche in Strophe 35 gegeben wurde, fort; gedacht wird dabei der unglücklichen Reisenden, die, von ihren Geliebten getrennt, die

schöne Frühlingszeit allein verbringen müssen und nur in ihrer Erinnerung für Augenblicke mit jenen vereint sind.

37. Die Freundin setzt ihre Schilderung der Spiele Krischna's mit den Hirtinnen fort.

39. »*Pantschama,* d. i. der fünfte, nämlich Ton; eine erotische Tanzweise, die *Hari* auf der Flöte spielt.«

45. Dieser von Rückert ausgelassene Vers, in welchem sich Dschajadewa wieder nennt, bringt den Gedanken zum Ausdruck, daß der Gitagowinda, gleichsam eine wunderreiche Geheimlehre über die Liebesspiele Krischna's, Glück verbreiten möge. Die zweite Hälfte der Strophe enthält den in den vorhergehenden Strophen durchgehenden Refrain.

46. (Im Originaldruck von Rückert fälschlich als 45 bezeichnet.) Die Worte werden von der Freundin zu Radha gesprochen. – »*Allgemeine Wonne;* im Sanskrit steht: die Wonne *aller,* im Maskulin, nicht im Feminin. – Der *leiblose Gott, Ananga,* der Liebesgott; s. das Namensverzeichnis.«

47, 48. Von diesen beiden Strophen enthält die erste eine Darstellung des von Malaja-Winden durchwehten und von Kokila-Rufen durchtönten Frühlings, die letzte die Bitte an Krischna, seine Verehrer zu schützen.

II.

Von Sehnsucht und Eifersucht gequält, klagt Radha der Freundin ihr Leid; sie erzählt ihr, welchen Schmerz es ihr bereite, zu sehen, wie sich Krischna mit anderen Mädchen vergnüge, erinnert sich der schönen Stunden, die sie selbst mit Krischna durchlebt hatte und bittet die Freundin, den Geliebten zu ihr zu bringen.

2. »Das Rohr, die Rohrflöte, die er als Hirtengott bläst.«

3. »*Purándara,* d.h. der Stadtzerstörer, ein Name für Indra, den Gott des Luftreiches, dessen Bogen der Regenbogen.«

4. »*Bandhudschíwa,* d.i. Freundesleben, eine rote Blüte.«

7. »*Mákara,* das Seeungeheuer, der Delphin, den der Liebesgott im Panner trägt.«

8. »*Kadámba,* ein Baum mit weißlichem Stamme. Der daran lehnende dunkelfarbige Gott beschwichtet in seinen Verehrern das Grausen des *Kali-Juga,* des jetzigen verderbten Weltalters, eine mystische Vorstellung, die im Hintergrund dieses schäferlichen Liebespieles steht. Schon im vorhergehenden Verse war der entfernte Geliebte seiner sehnsüchtigen Liebenden in überirdischer Form erschienen.«

9. Segensspruch mit Nennung des Dichters; am Schluß derselbe Refrain wie in den vorhergehenden Strophen. Der Spruch unterbricht die Worte Radhas, die in Strophe 10 fortgesetzt werden.

18. Enthält wieder einen Segensspruch mit Nennung des Dichters und Refrain.

19. (In Rückerts Originaldruck als 18 bezeichnet.) »Sie sieht ihn in Gedanken, oder erinnert sich, wie sie ihn oben I, 37 gesehen.«

20. Schilderung des Frühlings, der Radha nicht erfreut, solange sie von Krischna getrennt ist.

21. Gebet an Krischna, von den Gläubigen Unheil fernzuhalten.

III.

Krischna erinnert sich der Radha, verläßt die Hirtinnen und macht sich auf, die Geliebte zu suchen.

1. »*Krischna* entzieht sich dem weltlichen Minnespiel, indem er an seine wahre Liebe, *Radha*, denkt. Eine Hauptstelle für die mystische Bedeutung des Gedichtes.«

2. »*Kalindanándini*, die *Jámuna*. Der Name besagt: die Erfreuerin, d. i. die Tochter des *Kalínda*, was ein Gebirge im *Himálaja* sein soll, wo sie entspringt.«

3. »*Harihari*, ein Schmerzensausruf, den die Übersetzung beibehielt, weil er auf den eignen Namen *Hari* anspielen mag. – Das Schema dieses Liedes ist _ ◡ _ ◡ ◡ in den beiden ersten Zeilen, oder Gesang und Gegengesang; der Abgesang, die dritte Zeile, hat freiere Bewegung. Im allgemeinen sei für diesen Abgesang, der immer in Gestalt eines Kehrverses auftritt, bemerkt: Er weicht immer mehr oder minder ab von der gemeinschaftlichen Bewegung des Gesangs und Gegengesangs, bald nur durch andere Zahl und Aneinanderreihung der Takte, wie in den vorhergegangenen Liedern, bald durch anfängliche Ausbeugung vom Versfuße mit endlicher Rückkehr dazu, wie eben hier, bald auch durch ein Verlaufen in andre Bewegung am Ende, wie in mehreren folgenden Liedern.«

10. Nennung des Verfassers, Refrain.

11. »Was, o Liebesgott, befehdest du mich so scharf, als hieltest du mich, den weichen *Hari* für den harten *Hara*, d. i. *Siwa*, deinen Feind? Ich bin mit duftendem Sandelstaub gesalbt, nicht, wie *Siwa*, mit Totenasche; ich trage ein kühlendes Lotosfaserband am Herzen, nicht, wie

Siwa, eine Schlange, und am Halse blaue Lotosblüten, nicht, wie *Siwa,* den blauen Glanz des Giftes, das er sog, als die Götter das Milchmeer rührten, um das *Amrita,* die Ambrosia, zu bereiten, wobei als oberster Schaum das Weltgift *Haláhala* hervorkam, das *Siwa,* als der Mutigste, verschlang, damit es nicht all die andern verdürbe.«

14, 15. »*Wimba,* eine purpurrote Frucht.«

16. Segensspruch.

IV.

Radhas Freundin hat Krischna aufgesucht; sie schildert ihm die Qualen, welche Radha die Trennung von ihm verursacht.

2. »Alles Angenehme ist der Sehnsuchtkranken unangenehm, alles Kühlende brennend. Die *Málaja*-Frühlingsluft weht von den Sandelbergen, die zugleich die Schlangenberge sind.«

4. »Die Geschosse des blumenverschließenden Gottes der Liebe sind eben Blumen. Alle Blumen, die sie für sich zum Lager häuft, sind für sie Liebespfeile.«

5. »*Rahu,* das Drachenhaupt, das Sonne und Mond verfolgt, um sie zu verschlingen, woraus Sonn- und Mondfinsternisse entstehn. Der Mond, von *Rahu* ergriffen, verschüttet das *Amrit,* das Unsterblichkeitsgetränk, womit die Götter seine Schale gefüllt, so wie das Antlitz, vom Kummer überwältigt, seine Tränen vergießt.«

6. »*Antelopengewürze* Muskus. Mit Muskus malet sie den Geliebten als Liebesgott, mit dessen Attributen, dem

Delphin *Mákara* (II, 7) und dem Pfeile von *Tschuta,* d. i. *Amra.*«

9. Aufforderung an die Hörer, die Worte der Freundin vorzutragen, um sich den Inhalt der Verse Dschajadewa's im Geiste vorzustellen. Refrain.

10. »*Jama,* der Gott der Unterwelt. Der Liebesjäger *Kama* nimmt die Gestalt des Todesjägers an, und verfolgt als Tiger die Gazelle. Tigerspiel *Sardulawikrídìtam,* heißt im Sanskrit das Versmaß, worin im Original diese Strophe verfaßt ist.« – Im Originaldruck Rückerts fehlt im 5. Verse »durch«, was schon Jolowicz verbesserte.

15. »*Hutásana,* ein Name von *Agni,* dem Gotte des Feuers.«

18. Segensspruch mit Nennung des Dichters, Refrain wie in den letzten Strophen.

19. In der zweiten Zeile steht im Originaltext »schwiemet« statt schwindet.

20. »*Indras* Keil, der Donnerkeil. Das Versmaß selbst heißt *Indra's* Keil.«

21. »Sandel, Mond und Lotos, wie IV, 2.«

22. »Das Versmaß heißt Neubeblütet, *Puschpitágra* (eigentlich: blühende Spitzen habend).«

23. Segensspruch.

V.

Von Krischna aufgefordert, kehrt die Freundin zu Radha zurück und beschreibt ihr den Schmerz und die Reue Krischna's, um sie dadurch zu veranlassen, zu ihm zu gehen und das Glück der Liebe zu genießen.

2. »Das seltsame, von den übrigen auffallend abwei-

chende Maß dieses Liedes, wobei im Deutschen einige Stellvertretungen aushelfen mußten, scheint dem Dichter selbst unbequem gewesen zu sein, daher er sich mit weniger Strophen als sonst abfand. Das Auffallende ist einmal die nicht völlige Gleichheit von Gesang und Abgesang, sodann das Eintreten eines Zwischenreims, wodurch eine europäischartige, im ganzen Orient unbekannte Reimverschränkung entsteht: a, b. a, b. Etwas ganz anderes sind die nicht verschränkten Mittelreime des nächstfolgenden Liedes: a, a, b. c, c, b.«

4. »Im Sinne von IV, 2.«

6. Segensspruch mit Nennung des Dichters. Refrain.

9. »*D. i.* er bläst auf der Flöte deinen Namen, nämlich Töne, die ihn vorstellen, als Zeichen der Verabredung oder Einladung. – In der zweiten Zeile läßt Sanskrit wie Deutsch zweifelhaft, ob der staubverwehende Wind oder der windverwehte Staub am Flore der Geliebten gespielt habe.«

12. »Die mit gelbem Gewand (s. I, 38) bekleidete Brust des dunkelfarbigen Gottes stellt eine falbe Wolke vor, das die Brust umflatternde Geschmeide aber den die Wolke umkreisenden Kranichzug – im Sanskrit steht für Kranich *Baláka,* ein kranichartiger Vogel, der den regnenden Gewitterwolken durstig entgegenfliegt –, die liebeglühende *Radha* nun soll der Blitz dieser Wolke werden. Im Sanskrit kann man, wie, wenn man will, im Deutschen auch, die letzten Worte »die heiß im Verlangen Gereifte« sowohl auf die Brust des Gottes als auf *Radha* beziehen. Auch das »safranbekleidete« kann im Sanskrit Anrede an *Radha* sein, wodurch dann deren Vergleichung mit dem Blitze noch lebhafter wird. Dazu

kann man das Deutsche so umstellen: Safranbekleidete! dort sie geschmeidete Brust, wie usw.«

15. Aufforderung, Krischna zu verehren, der sich freut an dem Liede Dschajadewa's. Refrain.

16. Die Freundin schildert Radha den Zustand Krischna's, der von der Liebe gequält seufzt und in sehnsüchtiger Erwartung des Kommens der Geliebten verwirrten Sinnes umhergeht.

17. »Die *Tschakrawákas* sind Vögel, welche die Nacht hindurch klägliche Töne hören lassen. Das Pärchen ruft einander und kann nicht zusammen kommen; sie müssen die Nacht, vom Strome getrennt, eins hüben, eins drüben, am entgegengesetzten Ufer zubringen.«

20. Segensspruch.

VI.

Radha ist zu angegriffen, um selbst zu Krischna gehen zu können; die Freundin begibt sich daher wieder zu Krischna und macht diesem hiervon Mitteilung.

5. »*Lila* ist verliebtes Gebärdenspiel, eine Art davon, nach den Satzungen der indischen Liebeslehrbücher, besteht darin, daß die einsame Sehnsüchtige sich den abwesenden Liebhaber vorstelle, seine Gebärden nachmache, und glaube, er selber zu sein. Die mystische Deutung liegt hier nahe.«

9. Segensspruch. Refrain.

12. Segensspruch.

VII.

Radha wartet vergeblich auf Krischna; sie hat zuerst die Freundin im Verdacht, daß sie sie mit dem Geliebten hintergehe, dann, als diese erscheint, fürchtet sie, Krischna sei ihr mit einer anderen Hirtin untreu geworden und malt sich das Glück aus, das jene jetzt genießt.

1. »D.h. der Mond ging jetzt auf. Der Mond trägt die Schuld an Fall und Fehltritt der auf Nachtbesuch wandelnden Schönen, er macht sie im Zwielicht straucheln, oder auch er verlockt sie zum Gange; zur Strafe dafür hat er seine Flecken bekommen. Der Mong hängt am Antlitz der Nacht (im Texte: der Schönen der Himmelsgegend) wie ein Sandeltropfen, wie ein Sandeltupf, ein mit Sandel gemaltes Stirnzeichen.«

3. »Das Schema des Verses ist _ ◡ _, ein Kretikus, der aber im Sanskrit jede der beiden Längen in zwei Kürzen auflösen darf, was das Deutsche sich versagen mußte. – ›Auch der Herzfreundin Wort ist Betrug‹. Radha glaubt sich von der abgegangenen Mittlerin, weil diese weder den Krischna bringt, noch selbst wiederkehrt, betrogen.«

8. »Vgl. IV, 4.«

10. Aufforderung an die Hörer: »Dieses Lied des Dichters Dschajadewa, der seine Zuflucht nimmt zu den Füßen Krischnas, möge in eurem Herzen wohnen wie eine in allen Liebeskünsten erfahrene Frau.« Refrain wie oben.

12. »Der Weltersehnte, ein mystischer Name *Krischnas,* eigentlich der Weltbedränger, *Dschanárdana,* was aber

die Erklärer im obigen Sinne auslegen. Man kann es so wenden: die Welt durch Sehnsucht bedrängend.«

19. Weitere Schilderung des vermeintlichen Liebesgenusses Krischna's und der Hirtin: die Schöne liegt beim Liebesspiel auf Krischnas Brust und ihr Leib ist mit Schweißtropfen bedeckt. (Die Situation ist also dieselbe wie die, welche Bhartrihari 1, 6 schildert.)

20. Segensspruch mit Nennung des Dichters.

22. »Sie entzückt und quält sich jetzt mit der Vorstellung, wie ihr Geliebter einer Nebenbuhlerin die Toilette mache, den zerstörten Putz wiederherstellend, gerade wie er es am Ende vom Lied (XII, 18ff.) mit *Radha* selbst macht. – Er malt ihr neu das verwischte Stirnzeichen, damit das Gesicht dem Monde mit seinen dunkeln Flekken gleiche. In diesen Flecken sieht die indische Phantasie ein Muskusreh oder Gazelle. Das Schema des Verses ist der Anapäst ◡ ◡ –, ebenso behandelt wie sonst der Daktylus.«

23. »Die Locken heißen *Mádana's* Jagdrevier, als ein Hauptgegenstand seines Liebespiels. *Kúrawa* ein Blütengewächs.«

24. »Die zurückgebliebene Nagelspur (vgl. V, 18) stellt an diesem Himmelsgewölbe, das mit Edelsteinen besternet wird, den Mond vor.«

25. »›Der Arm, der dem Schnee gleicht‹, hier nicht an Weiße, sondern an frischer Kühle, vgl. den kühlen Leib IV, 21. Auch die Lilien hier sind die dunkeln Wasserlilien, Lotosse.«

26. »*Tórana,* ein Festbogen, mit Blumengewinden, geschmückter Eingang eines Tempels, Palastes oder Hochzeithauses.«

27. »*Kámala,* Lotos. *Jáwaka,* ein Lack, womit die Füße belegt werden.«

28. »*Háladhara,* sonst *Halin* oder *Halájudha,* d.i. der Pflugführer, des Hirten *Krischna* älterer Bruder, dessen eigener Name *Baladéwa* oder *Balaráma.*«

29. Segensspruch mit Nennung des Dichters. Refrain wie in den vorhergehenden Strophen.

30. »Vgl. VII, 3c und 12b. – Nun soll meine Seele selber hingehn, da du für mich vergebens als Botin gegangen bist.«

33 und 34. »Der Bezug ist wie IV, 2 und 21.«

36. »Entweder: das Spottgelächter der Mägde über die Vernachlässigte, von Untreue Verletzte trifft sie nicht! oder: sie kann unbekümmert die schalkhaften Mägde lachen lassen, wie sie unten XI, 33 lachen.«

38. Segensspruch mit Nennung des Dichters. Refrain.

39. »Der Sandelwind, der Frühlingswind, der von den Sandelbergen im Südland weht. Der Süden ist dem gegen Sonnenaufgang gewendeten Indier rechts, *dákschina,* wovon das Dekhan.«

40. Radha verwünscht ihre Freundinnen, den Wind des Winters, das Licht des Mondes: alles sonst ihr Angenehme empfindet sie als qualvoll, wenn Krischna nicht bei ihr weilt.

41. »Der Fünfpfeilige, der Liebesgott, Jama's, des Todesgottes, Schwester, die Flußgöttin Jamma, an dessen Ufern wir sind.«

42. Segensspruch.

VIII.

Krischna, der am Morgen endlich zu Radha gegangen ist, wird von ihr mit heftigen Vorwürfen empfangen.
2–6. »Radha, nach der erotischen Kunstsprache als eine *Utkhándita,* d.i. Gekränkte, zählt systematisch alle Zeichen auf, an denen sie die nächtliche Untreue ihres Geliebten zu erkennen glaubt: das überwachte Auge, schwarze Augenschminke am Munde, Nägelspuren, die Brust vom Fußlack gefärbt (vgl. VII, 27), und endlich die verwundeten Lippen. 2c Harihari wie III, 3.«
3. »Deine Lippen sind nun so dunkelfarbig wie dein Herz und ganzer Leib.«
8. »Die erste Heldentat des Götterkindes Krischna war, seine Amme *Putánika* umzubringen, aber diese war eine riesenhafte Unholdin, die ihn mit ihrer Milch vergiften wollte.«
9. Anrede an die Hörer: »Hört, ihr Klugen, hört die von Dschajadewa gesungene Klage einer jungen Frau, die betrogen und um ihre Liebeswonne gebracht wurde, die Klage, die süß ist wie Nektar, und auch in der Wohnstätte der Götter schwer zu erlangen ist.« Refrain.
10. Radha faßt ihre Vorwürfe gegen Krischna noch einmal zusammen: Krischnas Anblick erweckt in ihr nicht nur Liebesschmerz, sondern auch das Gefühl der Scham darüber, daß sie ihre Liebe an einen Unwürdigen verschwendet hat, denn auf Krischnas Brust glaubt sie noch die Spuren des Lacks von den Füßen eines Mädchens, mit welcher der Gott sie betrog, zu erblicken.
11. Segensspruch.

IX.

Krischna vermochte Radhas Zorn nicht zu besiegen; er geht deshalb von dannen und überläßt es der Freundin, Radha durch Zureden von ihrer Sprödigkeit abzubringen und versöhnlicher zu stimmen.

3. »Die Dattel ist in Ermangelung eines andern Namens für Palmenfrucht gesetzt. Es ist nicht die Frucht der Dattel-, sondern der Fächerpalme gemeint.«

9. Segensspruch mit Nennung des Dichters. Refrain.

11. Segensspruch.

X.

Im Laufe des Tages hat sich Radhas Groll gelegt; Krischna geht daher zu ihr, mit glühender Leidenschaftlichkeit wirbt er um sie und versichert sie seiner ewigen Liebe.

2. »Das Versmaß ist im Sanskrit für a. b. d

— ◡ — — ◡ — — ◡ — — ◡ — — ◡ — — ◡ — — —,

mit ebensolchen Auflösungen des Kretikus wie VII, 3. Statt des hier ganz unstatthaften, unaufgelösten Kretikus habe ich im Deutschen gesetzt

— ◡ — ◡ — ◡ — — ◡ — ◡ — ◡ — — ◡ — ◡ — ◡ ◡ — —.

2b. *Tschakóra,* ein Vogel, der begierig die Mondstrahlen saugen soll.«

7. »Nymphäen tötend, d.i. besiegend, übertreffend an Zartheit und Frische. Das Sohlenpaar rötet seinen Busen, indem er es daran setzt, um es mit rotem Lack zu belegen wie VII, 27.«

8. »Die völligste Liebesunterwerfung im indischen Sin-

ne, den kühlenden Fußtritt der Geliebten als Krone auf das Haupt zu nehmen.«

9. Segensspruch mit Nennung des Dichters. Refrain.

11. »Der *Mördergott,* der Liebesgott, im Urtext: der *Kama-Tschandále.*«

14. »Die fünf Blumen, die der Liebesgott als Pfeile führt, erhält er von deinem Gesicht, dem er dafür dienstbar ist. Die fünfe: *Bandhúka, Madhúka, Lotos, Tila, Jasmin* sind hier so gewählt, wie der Dichter sie zur beabsichtigten Vergleichung mit einzelnen Teilen des Gesichtes brauchen konnte; bei andrer Gelegenheit werden andre genannt, hier fehlt sogar der sonst dem Gotte vorzugsweise zukommende *Amra*-Pfeil.«

15. »Du hast bei deiner Herabkunft vom Himmel einen ganzen Chor von Jugendgottheiten zur Vergleichung mitgebracht: *Trunkenheit, Mondschein, Anmut, Fülle, Liebeslust, Zierde.*«

16. Segensspruch.

XI.

Radha und Krischna haben sich versöhnt; während Krischna sich nach seiner Liebeslaube begeben hat, um dort alles für die Nacht vorzubereiten, ermahnt die Freundin Radha, dem Gotte ihre Huld zu gewähren.

7. »Die Trommel oder Handpauke rühren die Nachtbesucherinnen in allen Sanskritgedichten. Hier aber steht im Texte nur, als Anspielung auf jene Sitte: mit klingender Lärmtrommel des Gürtels, d. i. mit dem Schellengeklingel des Gürtels, das jenem Trommelgetön gleiche und es vorstelle.«

9. Segensspruch mit Nennung des Dichters. Refrain.

11. »*Tapítscha* soviel als *Tamála,* ein Baum mit dunklem Laube. Die Nacht legt den Nachtbesucherinnen, wie sich selbst, lauter dunkeln Schmuck an. Daß jene Furchtsamen sich davor nicht fürchten, dadurch legen sie

12. die Probe ihres Liebesmutes ab. Der Probierstein, schwarz von Grund, hell gestreift vom angestrichenen Golde, wie das Nachtdunkel von den juwelenglänzenden Nachtstreiferinnen.«

14. »Das Sanskritmaß ist auch hier wie VII, 3 und X, 2, der Kretikus, und zwar a. c

— ◡ — — ◡ — — ◡ — —,

wofür ich die choriambische Bewegung gesetzt habe:

— ◡ ◡ — — ◡ ◡ — — ◡ ◡ — ◡.«

21. Segensspruch mit Nennung des Dichters. Refrain.

22. Die Ermahnungen der Freundin werden durch eine nochmalige Schilderung des verliebten Zustandes Krischnas zusammengefaßt.

31. Aufforderung, Krischna zu verehren unter Nennung des Dichters. Refrain wie in den vorhergehenden Strophen.

34. Segensspruch.

XII.

Das Liebespaar ist allein. Krischna fleht Radha an, ihn zu erhören (2–8). Schilderung des Liebesgenusses (10–16). Zum Schluß bittet Radha den Gott, ihr bei der Wiederherstellung ihres im Verlauf der Lustvereinigung in Unordnung geratenen Putzes behilflich zu sein.

2. »Der blühende Gegner des Lotosfußes, der wirkliche Lotos des Lagers. Vgl. X, 7.«

3. »*Den Fuß in die Hand fassen,* um ihn zu reiben zur Benehmung der Müdigkeit. – Deine mutigen Reisebegleiter, die Spangen, sollen neben mir ruhn.«
5. »*Der im Gemüte Geborene,* der Gott der Liebe.«
9. Segensspruch mit Nennung des Dichters, Refrain.
11, 12. Fortsetzung der Schilderung des Liebesgenusses. Krischna wird von den Armen der Geliebten umschlungen, von der Last ihrer Brüste bedrängt, von ihren Nägeln zerkratzt, von ihren Händen am Haar gepackt und durch das Überfließen des Honigs von ihren Lippen betäubt. Bei Radha aber, als sie sich dem umgekehrten Liebesgenusse nach Männerart hingab, wurden die Schenkel unbeweglich, ihre Arme schlaff, ihr Busen wogte und es schlossen sich ihre Augen.
14. Segensspruch.
15, 16. Im Liebeskampfe haben sich Radha's Haare verwirrt, ihre Wangen sind von Schweiß bedeckt, die Schönheit ihrer zerbissenen Lippen kommt voll zur Geltung, der Glanz ihrer Brüste übertrifft den ihrer Perlenkette, ihr Gürtel ist spurlos verschwunden und ihr Blumenkranz ist welk geworden. Krischna trinkt das Antlitz der Gazellenäugigen, die stöhnend Schlürflaute hervorstößt.
24. Radha bittet Krischna, ihr den Gürtel, die Kleider und den Schmuck anzulegen. Refrain.
25. Segensspruch mit Nennung des Dichters. Refrain.
27. Segensspruch.
28–30. Der Dichter schließt mit einem Lobpreis seiner selbst, dessen Geist einzig auf Krischna gerichtet ist, und seines Werkes, in welchem die Geschicklichkeit in den Künsten der Gandharwen (der himmlischen Musiker),

die Vertiefung des Geistes in Wischnu, die wahre Erkenntnis der Liebe und die Anmut der Poesie zum Ausdruck kommt. Im Vergleich zum Gitagowinda ist der Rauschtrank nicht mehr süß, der Sandzucker nicht mehr weich, die Weintraube nicht mehr erstrebenswert, der Unsterblichkeitstrank nicht mehr unsterblich, die Milch nur noch Wasser, der Mangobaum nicht mehr schön, selbst der Mund der Geliebten nicht mehr reizend.

ANHANG

AUS RÜCKERTS ABHANDLUNG ÜBER DAS »GHATAKARPARA«

Das »Ghatakarpara« (»der zerbrochene Krug« oder »die Topfscherbe«) ist ein lyrisches Gedicht, das seinen Namen dem Umstande verdankt, daß der Verfasser am Schluß sagt, er sei bereit, jedem, der ihn im Dichten künstlicher Reime übertreffe, in einem zerbrochenen Kruge Wasser zu tragen. Als Autor dieses Werkchens gilt Ghatakarpara, ein Zeitgenosse Kalidasas, der auf diese witzige Weise verstanden hat, seinen Namen in das Gedicht zu bringen.

Im Jahre 1828 erschien »Ghatakarparam, oder das zerbrochene Gefäß, ein sanskritisches Gedicht, herausgegeben, übersetzt, nachgeahmt und erläutert von G. M. Dursch (Berlin 1828)«. Dieser Arbeit widmete Rückert eine sehr ausführliche Rezension in den »Jahrbüchern für wissenschaftliche Kritik«, Berlin 1829, I, Spalte 521–551. In seiner umfangreichen Abhandlung (die übrigens das Buch wenig günstig beurteilt) gibt Rückert eine Würdigung des Inhalts des Gedichts und handelt ausführlich über die in ihm vorkommenden Metren und Reime, bei welcher Gelegenheit er auch eine Nachbildung mehrerer Strophen versucht. Im folgenden seien die Übertragungen Rückerts sowie (auszugsweise) diejenigen seiner Bemerkungen mitgeteilt, welche ein allgemeineres Interesse bieten[1].

[1] Eine vollständige deutsche Übersetzung des Ghatakarpara gab *Dursch,* a.a.O., »eine gereimte Paraphrase in 22 achtzeiligen Strophen, in völlig moderner Form, ohne die geringste indische Färbung« (Rükkert); eine metrische Übertragung lieferte ferner *Albert Hoefer,* »Indi-

»Das Ghatakarpara ist von geringem Umfang, es besteht aus nicht mehr als 22 zweizeiligen... Stanzen. Es ist vergleichungsweise einfach und leicht..., dafür aber auch so ziemlich, wenn nicht gehalt-, doch inhaltleer. Es enthält von realem Stoff nicht einmal den zerbrochenen Krug seiner Überschrift, die es nur einer bildlichen Redensart verdankt, deren sich der Dichter in der Schlußstrophe bedient... Es hat zum Zweck die Entfaltung der Situation eines nach ihrem verreisten Geliebten sich sehnenden Weibes, welchen sie bei nun eingetretener Regenzeit, wo alle Reisenden heimzukehren pflegen, mit Ungeduld und vergebens erwartet. Ihr ist eine Freundin als Unterrednerin beigegeben und hierin ein Keim zu dramatischer Gestaltung vorhanden, der aber gar nicht ordentlich entwickelt worden ist. Man wüßte ohne die Scholien nicht, wer von beiden jedesmal spricht, und die Scholien selbst wissen es nicht überall. Dabei werden nur immer die allergewöhnlichsten Erscheinungen der Regenzeit beschrieben, und auch das ohne Fortschritt und ohne Mannigfaltigkeit. Fast in jeder Stanze stürzen Regengüsse, ist der Himmel verfinstert, und schreien die Pfauen. Ohne den Reichtum des Sanskrit an Synonymen für diese Lieblingsvögel sowie für die Wolken und Sonne und Mond wäre diese ewige Wiederholung unerträglich; so glaubt man wenigstens etwas Neues zu hören, weil man neue Worte hört. Nur gegen das Ende hin unterscheiden sich vorteilhaft, durch eine gewisse Eigentümlichkeit, die Anreden an einige durch den Regen neubegrünte Gewächse. Doch die Hauptanrede geht

sche Gedichte in deutschen Nachbildungen« (Leipzig 1844), Bd. II, S. 129ff.

überall an die ziehenden Wolken, die dem Geliebten Grüße, Liebesbeteuerungen und Vorwürfe bringen, und ihn selbst womöglich herbeibringen sollen. Das geschieht denn auch wirklich im vorletzten Vers, dessen Echtheit aber nach den Scholien zu bezweifeln ist, so daß dem Dichter nicht einmal die Ehre dieser so naheliegenden Erfindung bleibt. Wie ganz anders hat denselben Stoff, dieselbe Situation, nur von der entgegengesetzten Seite, nämlich von dem unfreiwillig abwesenden Liebenden gegen die daheimgelassene Geliebte hin, Kalidasa in seinem Meghaduta oder Wolkenboten zu verarbeiten verstanden! ... Dagegen besteht dieses Gedichtchens einziges Verdienst in einer gewissen Einfachheit und Natürlichkeit, trotz der künstlichen Reimart, ... in einer lyrischen Bewegung des Ausdrucks, die sich dem Gefühl mitteilt, so wie sich denn einem selbst die Melodie dieser übrigens so fremdartigen Versmaße leicht einsingt. Aber bei dem allem, im Vergleich mit anderen Sanskritgedichten, nur soweit wir sie schon kennen, ist es unbedeutend; und wäre dieses »zerbrochene Gefäß« ein deutsches, so wäre es gar nicht des Aufhebens wert. Aber als Sanskrit und als ein erstes in seiner Art für uns verdient es unsere größte Aufmerksamkeit.«

Anläßlich der Besprechung der einzelnen Strophen des Gedichtes kommt Rückert dann auf die vielen Metren des Werkchens zu sprechen und gibt von einigen der hierbei zitierten Verse deutsche Übersetzungen, die hier folgen mögen.

Stanze 1. Metrum: Waitali, die Austönige oder vielleicht die Frühweckweise, wenn man es beziehen darf auf Waitalika, einen von den hundert Namen, die der Minstrel oder Hausbarde führt, dessen Geschäft es ist, seinen Herrn morgens mit Gesang zu erwecken.

⏑ ⏑ – ⏑ ⏑ – ⏑ – ⏑ –
⏑ ⏑ – – ⏑ ⏑ – ⏑ – ⏑ –
salilair nihitaṃ rajaḥ kṣitau
ravi-candrâv api nôpalakṣitau,

d. i.

»Von der Flut ist gelöscht der Staub auf Aun;
Nicht verblieb Sonn' in der Luft noch Mond zu schaun.«

Stanze 2. Metrum: Indravadschra (der Donnerkeilige),

⏑ – ⏑ – – ⏑ ⏑ – ⏑ – ⏑ (zweimal)
haṃpsâ nadan-megha-bhayâd dravanti;
niśâ-mukhâny adya na candravanti,

d. i.

»Die Gänse flieh'n scheu vor der Wolke Dröhnen;
Die Stirn der Nacht siehst du den Mond nicht krönen.«

Stanze 4. Metrum: Wasantamalika, die Frühlingskranzartige, wie Stanze 1, nur am Ende eine Silbe mehr, nach unserer Art ein weiblicher Ausgang statt des männlichen; nur daß hier noch nicht in einer und derselben Stanze das Wechseln mit beiden Ausgängen stattfindet.

paridhîra-ravaṃ jalaṃ darîṣu
prapataty adbhutarûpa-sundarîṣu,

d. i.

»Wie mit dumpfem Getön die Flut der Lüfte
Ins Gebirg' fällt in die schönen Wunderklüfte.«

Stanze 6. Metrum: Rathoddhatâ, die »Wagenhochfahrige«.

_ ∪ _ ∪ ∪ ∪ _ ∪ _ ∪ _ (zweimal),

sarva-kâlam avalaṅghya toyadâ
âgatâ'stha dayito gato yadâ,

d. i.

»O ihr Wolken, die ihr aller Orten zieht,
Hergekommen zu mir itzt, da Er mich flieht!«

Stanze 17. Metrum: Druta-wilambitan Tschhandas, der schnellsäumige Ton.

∪ ∪ ∪ _ ∪ ∪ _ ∪ ∪ _ ∪ _ (zweimal)

nava-kadamba-śiro 'vanatâ 'smi te
vasati yan madanaḥ kusuma-smite,

d. i.

»O du Kadamba-Gesproß, dir sich beugt mein Haupt;
Denn von der lächelnden Blüt' ist die Lieb' umlaubt.«

Doch nicht auf seinen Metren beruht der eigene Stolz dieses Gedichtes, sondern auf seinen Reimen, von deren Eigentümlichkeit ich daher hier ein Wort sagen zu müssen glaube... Im Sanskrit scheint der Reim, wozu er in jeder Sprache gelegentlich werden kann, von Haus aus ein Wortspiel. Im Wortspiele treibt die Sprache mit ihren eigenen Mängeln Scherz. Zwei verschiedene Begriffe oder Objekte, die ursprünglich zwei verschiedene Bezeichnungen haben, kommen durch Sprachzufall, durch Verderbnis oder Vermischung der Formen zuletzt dazu, nur eine gemeinschaftliche Bezeichnung zu haben. Oder auch, von dem Punkte eines Wortes aus, das eine Fülle von ungeschiedenen Vorstellungen im Keim enthält, werden nach verschiedenen Richtungen hin immer weiter auseinanderweichende Bedeutungen entwickelt, bis zuletzt an den äußersten Punkten solche stehen, die, ihres gemeinschaftlichen Ursprunges vergessend, jetztum zufällig einen Klang miteinander zu teilen scheinen. Dazu kommt noch, daß durch mannigfaltige Umbiegungen oft ein Wort auf einer grammatischen Stufe einem anderen auf einer anderen Stufe ähnlich wird. Solcher zweideutiger Wörter von jeder Art bedient sich die Unbefangenheit, ohne Anstoß zu nehmen oder zu geben; die Intention des Sprechenden teilt sich dem Hörenden mit, der über das gemeinte Objekt nicht zweifelhaft bleiben kann. Die Besonnenheit vermeidet wohl solche Unvollkommenheiten durch Wendungen und Verbindungen; der Witz aber sucht sie auf, um das Ohr zu verwirren und den Geist anzuregen. Vielleicht ist keine Sprache so wenig zweideutig in ihren Formen und darum so plastisch wie die Homerische, ich sage nicht die griechische. Und vielleicht ist keine so unbestimmt im Sinn, bei so vieler Bestimmtheit der Formen, wie das Sanskrit. Nicht bloß seine Wurzeln sind von äußerst allgemeiner, fast unbegrenzter Bedeutung, sondern auch seine konkreten Wörter höchst vieldeutig und unendlich synonym zugleich. Die Grammatik selbst geht darauf aus, ursprünglich verschiedene Wurzeln zu identifizieren. Solcherlei wie: »gerochen« von »riechen« und »rächen«, »luxi« von »luceo« und »lugeo«, was in anderen Sprachen nur als einzelner Auswuchs vorkommt, ist hier in ganzen Massen vorhanden und zu Regeln erhoben. Ferner hat das Sanskrit mit allen denjenigen Sprachen, welche noch nicht, wie jetzt die germanischen, eine Hauptsilbe von einer Bildungssilbe durch die Betonung unterscheiden, die Eigenschaft gemein, daß manche Bildungssilbe einem selbständigen Wort oder einem Teile desselben völlig gleich steht; also ein mit Bildungssilben versehenes Wort leicht als zwei oder mehrere selbständige Worte aufgefaßt werden kann; und zwar besitzt es diese Eigenschaft im allerhöchsten Grade wegen der unendlichen Menge seiner Bildungssilben, wegen der großen Zahl seiner kleinen aus einem einzigen Konsonanten mit einem Vokal bestehenden Wörtchen, sowie wegen der zur Regel gewordenen Zusammenfließung zweier am Wortend' und Anfang sich berührender Vokale. Die aus allen diesen Gründen entspringende ganze oder teilweise Gleichheit verschiedener Wörter ist es nun, in deren Zusammenbringung der sanskritische Reim besteht. Z. B. aus unserem Gedichte: »kopitâni«, die Entzündeten, getrennt »ko 'pi tâni«, wer auch diese; »bhâvane« der (Gemüts-)Beschaffenheit, als Kompositum »bhâ-vane«, dem Glanzwald oder der Glanzwohnung; »toya-dâ«, die Tau-Geber, Wolken, »gato yadâ«, gegangen wann; »kalâpinas«, die Pfauen, »śoka-lâpinas«, die schmerzklagenden, »sasarja«, er hat geschaffen, »kâmanivâsa sarja«, o Liebeswohnung Sarjabaum; »sadâ'ham«, immer ich, »sa-dâham«, mit Glut begabt.

Wie man sieht, besteht das Gemeinsame dieser Reime darin, daß ein Buchstabenkomplex, die Reimgruppe, an verschiedenen Punkten getrennt, verschiedene Wörter oder Teile derselben darstelle. Diese Reimart, die sich im Sanskrit von selbst macht, ist teilweise auch in anderen Sprachen vorhanden oder möglich. Im Arabischen besteht ein eigenes Rätselspiel in der Auffindung eines Wortes, das, in einzelne Teile zerlegt, mehrere für sich bedeutende Worte gibt. In einer Makame aus dem zweiten Teil des deutschen »Hariri«... habe ich dieses im Deutschen nachgebildet; Beispiele sind »wohlfeil – Wolf eil'!« »abendlich – ab endlich«. Als Reim selbst gebraucht Hariri dergleichen in mehreren Gedichten, besonders aber in der Prosa; Beispiel: »Nacht-Rabe – Nach-Trabe«; »wie der Hall – Widerhall«, »meide die Leidenschaft, die Leiden schafft«; »mit Leiden habe Mitleiden«. Im Persischen gibt es einzelne ganz so gereimte Gedichte; ein sehr gewöhnlicher Reim ist »bedest«, das einmal als »bed est«, bös ist, und einmal als »be dest«, mit oder bei der Hand bedeutet. Im Griechischen und Lateinischen wäre so zu reimen auch ein Leichtes, wie ich hier zum Scherz versuchen will:

Quicumque mente sanus est, anno scit is
Frui novo; melius quid est? an noscitis?

Literatur der Welt

Apuleius. Der goldene Esel
Mit Illustrationen von Max Klinger zu »Amor und Psyche«. Aus dem Lateinischen von August Rode. Mit einem Nachwort von Wilhelm Haupt. it 146

Giovanni di Boccaccio. Das Dekameron
Hundert Novellen. Ungekürzte Ausgabe. Aus dem Italienischen von Albert Wesselski und mit einer Einleitung versehen von André Jolles. Mit venezianischen Holzschnitten. Zwei Bände. it 7/8

Miguel de Cervantes Saavedra. Der scharfsinnige Ritter Don Quixote von der Mancha
Mit einem Essay von Iwan Turgenjew und einem Nachwort von André Jolles. Mit Illustrationen von Gustave Doré. 3 Bände. it 109

Chinesische Liebesgedichte aus drei Jahrtausenden
Von den mäßigen Gefühlen
Aus dem Chinesischen übertragen, nachgedichtet und herausgegeben von Ernst Schwarz. Mit zeitgenössischen Illustrationen. it 442

Dante. Die Göttliche Komödie
Mit Holzschnitten von Botticelli. Deutsch von Friedrich Freiherrn von Falkenhausen. Zwei Bände. it 94

Eisherz und Edeljaspis
Aus dem Chinesischen von Franz Kuhn. Mit Holzschnitten einer alten chinesischen Ausgabe. Mit einem Nachwort und Anmerkungen von Franz Kuhn. it 123

Die Erzählungen aus den Tausendundein Nächten
Einleitung von Hugo von Hofmannsthal. Vollständige deutsche Ausgabe in zwölf Bänden. Nach dem arabischen Urtext der Calcuttaer Ausgabe aus dem Jahre 1839. Übertragen von Enno Littmann. Mit farbigen Miniaturen. In farbiger Schmuckkassette. it 224

Die Blümlein des heiligen Franziskus von Assisi
Aus dem Italienischen nach der Ausgabe der Tipografia Metastasio, Assisi 1901, von Rudolf G. Binding. Mit Initialen von Carl Weidemeyer. it 48

Geschichten aus dem Mittelalter. Herausgegeben von Hermann Hesse
Aus dem Lateinischen übersetzt von Hermann Hesse und J. G. Th. Graesse. it 161

Literatur der Welt

Geschichten der Liebe aus den 1001 Nächten
Aus dem arabischen Urtext übertragen von Enno Littmann. Mit acht farbigen Miniaturen. it 38

Homer. Ilias
Neue Übertragung von Wolfgang Schadewaldt. it 153

Indische Liebeslyrik
In Übertragungen von Friedrich Rückert. Herausgegeben und eingeleitet von Helmuth von Glasenapp. it 431

Sören Kierkegaard. Das Tagebuch des Verführers
it 405

Kin Ping Meh oder Die abenteuerliche Geschichte von Hsi Men und seinen sechs Frauen
Aus dem Chinesischen von Franz Kuhn. Mit Illustrationen aus dem 17. Jahrhundert. Zwei Bände. it 253

Des Knaben Wunderhorn
Gesammelt von Achim von Arnim und Clemens Brentano. Ausgewählt von Friedrich Ranke. Mit einem Vorwort von Konrad Feilchenfeldt. Mit zeitgenössischen Illustrationen. it 85

Konfuzius. Materialien zu einer Jahrhundert-Debatte
Gesammelt von Joachim Schickel. it 87

Giacomo Leopardi. Ausgewählte Werke
Aus dem Italienischen übersetzt von Ludwig Wolde. Mit einem Nachwort versehen von Ralph-Rainer Wuthenow. it 104

Nikolai Leskow. Das Kadettenkloster und andere Erzählungen
Aus dem Russischen von Ena von Baer u. a. Mit Illustrationen von Theodor Eberle. it 422

Longus. Daphnis und Chloë
Ein antiker Liebesroman. Aus dem Griechischen übersetzt und mit einem Nachwort von Arno Mauersberger. Mit Illustrationen der »Édition du Régent«. it 136

Lukian. Hetärengespräche
Mit Illustrationen. it 408